講談社文庫

女子刑務所

女性看守が見た「泣き笑い」全生活

藤木美奈子

講談社

はじめに

内面に問題多き人間に限って、他人のことにくちばしを突っ込みたがるのはなぜだろう。そこに自分を見る思いがするからにちがいない。

私はまず自己の内面の問題解決に全力を注ぐべきであった時期に、刑務官すなわち看守として女子刑務所での勤務を始めてしまった。今思えば、はじめからとうてい勤まるはずがなかった。その点においては、現状をきちんと認識できないままに、刑務所勤務を希望した私に非があるといえる。

刑務官という仕事を続けていくためには、ある才能と私生活での整った環境が必要なように思う。タフで、何事にも動じないずぶとい神経か、長いものには巻かれろ式のものわかりのよさか。または、その人の帰りを温かく迎え、つらい勤務を理解してくれる善意の家族たちの存在だ。

残念ながら当時の私は、そのどれも持ち合わせていなかったばかりか、私生活においてすら大きな悩みをかかえていた。簡単にいえば、「人のことなどかまっちゃいられない」立場の人間だったのだ。

刑務所は完璧な社会の縮図である。あなたが受刑者たちに哀れみや、同情の念を持ち、もしくは優越感を得るために、この本を読もうとしているなら、それはすぐに裏切られるだろう。その中で日常起きていることはあなたの家庭や、ご近所でくりかえされていることと、なんらちがいはないからだ。

ここに登場する受刑者も職員もみんな同じ人間。あるのは制服かどうかの差異だけであり、どちらがどれだけ「マシ」であるかなんてことは少しもない。むしろ、私には塀の外に暮らす人々の心の中にこそ、救いようのない悲劇が、繰り広げられているように思えてしかたがない。

どうかあなたの心に潜む特別意識——「私に限って」というやつ——を捨てて、このページをめくっていただきたい。あなたにだって、明日なにが起こるかわからないのだ。

大キライなあの人と、ついには決定的なモメ事に突入して、わきあがる怒りを抑えきれずに台所の包丁をつかみ、相手ののど笛に突き刺してしまう、なんてことも長い人生には充分起こりうることなのだから。もしかすると来年のお正月は、刑務所の中で家族や友人からの年賀状をながめているかもしれない。

しかし、その場合も心配は無用だ。刑務所の中でも友だちだってちゃんとできるだろうし、ほんの少し不自由な点(例えば、歯磨き粉のブランドは選べないとか、化粧はおおっぴらにできないとか)をガマンしさえすれば、あなたの今の生活とそんなに変わりなく暮らせるだろう、ということは私が保証する。

　もちろん塀の中にも見栄や軽蔑、虚栄心はちゃーんと存在する。みな私物すら持ちえない同じ受刑者という身分でありながらも、だ。塀の外とは少しちがっている部分があるとすれば、そこは極めて人間的、ということだ。

　まるで百年もの間、時が止まったままのような旧態依然とした刑務所内、不可解で不合理な所内でのさまざまなしきたり、プライドをペシャンコにされるような陰湿で排他的な人間模様を、私はいつも映画を見るような気持ちでながめていた。

　この和歌山刑務所における私は、つねに腰の引けた新米の異邦人でしかなく、それは最後まで変わらず、劣等生のまま去っていった人間だ。それゆえ、この本を書くにあたって、途中で勤務を放り出した「いい加減な刑務官」こそ、みなに謝罪すべきで、何を今さら世間様に言いたいのか、というご批判さえ聞こえてきそうである。

　しかし、しかしながら、近ごろよくテレビなどの番組で女子刑務所のルポものがとりあげられるたびに、私は「ちがう」と感じてきた。マスコミや世間好みの、涙、涙の非力な女性像ばかりに焦点がしぼられ、これが刑務所だ、悲しいでしょ、バカな女でしょ、哀れですねえ、と、そこには無力で、運命に翻弄されるまま流される愚かな女ばかりが映し出される。

　実際のところは、このようなかよわき人間ばかりではない。その事実を、私は二年間かけて知った。むしろそこにはタフで、あっけらかんと臆面もなくそれぞれの人生をひた走る、いさぎよい女たちがいた。これらを伝えたいという気持ち、そして、受刑者でなくともこの自分自身、私もまた正真正銘、れっきとした「囚われた女」であったことを、ぜひ記しておきたかったのだ。

ここに書かれていることはすべて事実にもとづいている。一部、プライバシーに関わる記述や事件の詳細を除き、実際にあったことだけをなるべく脚色せず、ありのままに描いた。ただし、登場人物はすべて仮名、事件が推定される地名についても一部変更した。

人のいるところ、何でも起こりうる。だからこそ人間ほど怖いものはないし、人生ほどおもしろいものは他にない。

本日、今、この瞬間も、ドタバタ劇をくりかえしているであろう塀の中の、正直で愛すべき女たちに、また長い執筆期間中寂しい思いをさせたわが家族に、そして今この本を手にとってくれているあなたに、愛をこめてこの本をささげたい。

藤木美奈子

目次

本書は『囚われた女たち』（ライブストーン　一九九五年刊）を大幅に改稿し、改題したものです。

覚醒剤

毎日、というわけではないが、多くの女がこの刑務所にやってくる。ひとりで来るのではない。たいてい、二人の看守に付き添われて送られてくる。

その罪名で最も多いのが、覚醒剤にまつわるものである。次に窃盗、そして殺人、詐欺の順となる。

窃盗、殺人や詐欺の罪名で収監される者の数については大きな波はないが、覚醒剤事犯は昭和五十年を超えたあたりから、ぐっと増えている。

犯罪全体の約半数にも及び、昨今は女子や中学生、高校生の事犯が急増している。自己の使用はもちろん、売人などその売買にあたっていた者はとくに罪が重くなり、刑期も長いのが相場だ。

覚醒剤はたいていの場合、粉を水に溶かし、それを静脈に注射する。錠剤もあるが、気分の高揚や疲労感がとれる（ように感じる）など、いわば「いい気持ちになる」ことが使用の一番の目的である。食欲がなくなることから、ヤセ薬として主婦や学生などの女性に勧める手口は有名だが、使い方を誤ったり、一度に大量に服用すると死に至ることもある。使い始めたきっかけは、人から勧められる場合が圧倒的で、特徴的なのは、一度めはたいてい「無料」であることだ。

「どうしたの？　風邪？　これ疲れがとれるよ」

と、やさしく勧められたものが覚醒剤であったという話はよく耳にする。

その後、繰り返し使用するうちに中毒となり、金策に駆けまわることになる。そうこうしているうちに家庭が崩壊する。それでもやめられない場合は、女なら風俗で働くか、売人として覚醒剤を売りさばくことを強要され、発覚、お縄となるのである。

覚醒剤で捕まった者の多くは、強い禁断症状に悩むが、それも拘置所にいる間に収《おさ》まることが多い。しかし、妄想やフラッシュバックなど、副作用に長く苦しむケースもある。拘置期間はもちろん、まだ刑務所に入所したばかりの時は、ほとんどがガリガリにやせている。

その後、所内での規則正しい生活と、食べること以外楽しみもなくなるおかげで、数ヵ月、数年後になると十キロ以上も体重が増えている。身分帳の写真を見ると、たいてい同一人物とは思えない、驚くほどの変わりようだ。

なんでそんなにヤセてたのかと、かつて売人だった受刑者に聞いてみたことがある。

「そんなん、食べてる暇ありませんやん。夜中でもお客さん来るし。それに三日や四日、食べんでも平気なんです、これあったら」

と、彼女は腕に注射をする真似をして笑った。

このお客さんというのは、覚醒剤を買いに来る人だ。いまやコロコロした体型に変貌したこの受刑者も、かつては頭の先から足先まで、どっぷりとクスリづけの生活をくりかえしていた。

刺青《いれずみ》については、のちに述べるとして、同じ針の跡でも、覚醒剤中毒患者の針の跡のすさまじさには、私は息をのんだことがある。

カウンセリングの練習に一度面接をやってみるよう言われ、ある受刑者の面接を数時間にわたって、私ひとりで行なったことがある。彼女は重度の覚醒剤中毒患者だったと聞いていた。

中年を過ぎ、痩せたからだをした彼女は、ニコニコと愛想がよく話好きだった。子供のこと、亭主のこと、クスリのこと、何でもよくしゃべってくれた。こうしていれば、おしゃべり好きで気のいいただの近所のおばさん、という感じを受けた。私は彼女と小さな机をはさんで向かい合って座り、フンフンとうなずきながら、何気なく机上に置かれた彼女の手に目をやったときのことだ。

私は彼女の手の甲の表面に何かおかしなものを見つけた。手首から上は衣服で覆われていたが、長い切り傷状の痕跡が手の甲に——非常に無秩序に——刻まれている。それはなぜか血管の上に限ってうねうねと這っているようで、数はかぞえることもできないほど多い。カミソリででも切ったのか、とよく見ると、それは傷ではなく、なんと無数の針の跡だった。遠目からは傷のようにしか見えないぐらい、それらはあまりにもビッシリと密接して並んでいた。

彼女は私の視線に気づき、あわててその手をもう一方の手で握り締めた。

「あ、これですか。恥ずかしいわあ」

無邪気に照れ、少女のようにからだをくねらせる、そのはじらいと傷の迫力が、見事なまでにアンバランスで、私は息をのんだまま愛想笑いもできずにいた。

「手だけならまだいいんですけどね。ほら」

そう言って彼女は腕、つづいて足の衣類をまくりあげて、私によく見えるよう目の前に差し出した。

それらは彼女の発した「恥ずかしい」という言葉とは、とても似つかわしくない大胆な愚行の痕跡だった。

顔を近づけてよく見てみると、血管という血管はすべて注射針の穴で埋めつくされている。それは普通ならとても注射をするにふさわしくない場所、たとえば手の指先や、足なくるぶし、骨の上の肉の薄い場所など、血の通っているところならどこでもおかまいなし、という節操のなさだった。

そんな大胆さの一方で、注射針の跡は驚くほど緻密だ。非常に細かく、執拗で、規則正しい細かな穴の連続。少し目を離してながめてみても、やはり切り傷にしか見えないほどの密集度である。

これを見ただけでも覚醒剤中毒の凄まじさは容易に理解できる。家族はもちろん、まわりの者を巻き込んだ地獄絵図さながらの生活が、毎日繰り広げられたにちがいない。彼女の子供は今どうしているのか。現在、おばあちゃんのもとでまだ小学校に通っているというが。

こんなとき、「なぜ」という安易な言葉を投げかける愚かさは、私もよくわかっているつもりだった。本人だってそう思っているにちがいない。平凡なサラリーマンを夫に持つ一家庭の、普通の主婦であった自分がなんでこうなって、夫にあいそをつかされ離縁され、それでもついてきてくれた子供とも別れて、こんなところへ収監されているのか、彼女が一番知りたいはずなのだ。

それでも聞いてみたいのが人の常だが、私はあえて何も言わなかった。まだ守ってやるべき子がありながら、これほどまでに自らのからだを傷だらけにしたこと――そこにどれほどもっともらしい事情が、その口から語られようとも、私は納得するわけにはいかないのを、わかりすぎるほどわかっていたからだ。

　こんな無茶苦茶な自己破滅物語なんか聞きたくもないし、聞いたって私はとうてい共感などできないに決まっている。こんなひどい気持ちを胸に押し込んで、ものわかりのよいフリをさせられるなんて、まっぴら御免だ。

　彼女たちの現実を見せつけられて、私は明らかに狼狽していた。平和で友好的で偽善的なカウンセリングごっこはそこで幕。新米看守の実力を露呈させられた、というところか。


夏――戸外で清掃にあたらなければならない仕事を担う内外掃班にとって、夏は格別につらい季節だ。

　かげろう揺れる真夏の炎天下、長時間黙々と草刈りや畑仕事に精を出さねばならず、そばに立ってながめているだけでめまいのすることがある。あまりのキツさに、ときおりいろんなジョークが、あちこちから飛び出すことになる。

　ある日、ひとりの受刑者が汗を拭きふき、大きなため息をつきながら、こう言った。

「こんなん、一本打ったら一発やねんけどなあ」

　皆そう思っていたのか、まわりでクスクスとしのび笑いが起こった。言った本人と、私の目が合う。ニタリと笑った彼女のその歯ぐきには、ほとんど歯らしい歯は、ひとつも残っていない。まだ二十歳ちょっとだというのに。
疲れを感じさせないクスリだから、からだが壊れても気づかないのだ。これほど簡単なメカニズムすら、無視したくなるほどのめりこんでしまう薬物——覚醒剤でここへ来た人間は、また戻ってくる可能性が他の罪よりずっと高い。罪の意識がおそらくほとんどないからだ。

出所の日、いい別れができた受刑者が、また帰ってきたことを知らされたときの、あのやるせない気持ち。刑務官はほとんど無力であり、受刑者に何の影響力も持たないことを思い知らされる瞬間だ。

それではいったい何を心の支えに、こんなヤクザな仕事を続ければいいのか、誰か答えてくれないか。

月夜の約束

金岡洋子さんは病棟の雑居房にいた。一見、健康そうに見える彼女が、なぜ病棟にいたのかはわからない。歳は三十を少し超したところ。目鼻だちがはっきりしていて、顔の色艶がよく、化粧映えのする顔だちをしていた。

しかし、神経質な性格で、落ち着きがなくよくしゃべる。そのせいか、しょっちゅう他の受刑者ともめ事を起こし、そのたびに口をとんがらかせては、自分が正しいのだと主張する子どもっぽいところがあった。

金岡さんは覚醒剤がらみによる入所だった。不倫の末に、駆け落ちした男が売人だったことから、その道に落ちた。片親で田舎町に育ち、高校で非行に走ったこともあるが、その後は店員として就職、そこで夫と知り合っている。子どもはいない。クリーニング店を営む、歳が離れた夫との結婚生活は平凡で平和なものだったようだ。

なぜ、出会ったばかりの男と駆け落ちするに至ったのだろう。彼女にとってはるか年上のまじめな夫は退屈なだけの存在だったのか、それとも危険な香りのするよそ者の男は彼女にとって、それまでの生活すべてを一瞬にして投げ捨てさせてしまうほど魅力的だったのか。

そんな俗っぽい問いを彼女に投げかける気持ちはさらさらないが、ここの住人のひとりひとりの胸だけに収められた転落のストーリーは、人の好奇心をくすぐっては止まない謎に満ち、しかも人間固有の愚かさにふちどられている。

ある夏、私は夜勤についていた。就寝の時間が過ぎて病棟を見回っていると、雑居房の小さな豆電球の明かりの下で、廊下の窓ぎわにもたれかかって立っている者がいた。ここでは常に全員の状態を見る必要があり、消灯といっても真っ暗にはできない。それが金岡洋子さんだった。

「どうしたの、金岡さん。寝られへんの?」

薄暗い明かりの中で彼女の顔がほの白く浮かんでいる。夜というせいもあるが、今日は神妙な顔をしている。いつものおふざけも夜まではやらないようだ。

「うん。なんか寝にくいわあ。……先生もこんな時間までたいへんやな」

ポリポリと上着の首元から手を入れて胸をかきながら言った。

彼女の口からねぎらいの言葉を聞くとは意外だった。つねに自己主張の激しい、騒がしい女という印象しかなかったからだ。

月夜の静かな夜だった。窓をはさんで私たちは向かい合っていた。

「眠れなくても、横になっといたら。また明日しんどいよ」

「せんせ」

「なに？」

「せんせ、結婚してんの」

彼女の視線は私の左手の薬指をとらえていた。

「うん、一応」

「ふーん、えらいはよ結婚したんやな」

「まあね」

声が大きくなりがちな金岡さんに、私は人差し指を唇《くちびる》にあてながら答えた。

結婚は地獄だよ、と言いたいところだった。こんな所で、こんな関係でなく出会っていたならば、私の話はかなりの時間と量と密度をもって身の上話に及んだだろう。だが、ここで彼女に言うべきセリフでないことはわかっていた。

だが、彼女には自分の寝床に戻る気配がなかった。

「あんね。なんかね、アタシってえ……なんやろね」

何か言いたげなそぶり。あまり語彙が出てこない、もどかしさを感じているようだ。もしくは、照れもあるのだろう。私はこのゲームにつきあうことにした。

私は彼女から言葉を引き出すため、なるたけ少なく話すよう心がけた。

「うん」

「どう言うたらええんか、ちょっと反省してんねんわあ」

「どうしたん」

「んー、なんか、ときどきな、自分がちょっとイヤになるときあるねん。しょうもないことばっかりいつもゆうてるし、ようケンカするしなあ」

「………」

「まあ、そやからこんなとこ来てんけど。なんでやろってちょっと考えててん」

ゴソゴソと、他の同室の者が寝返りを打った。しばし、ふたりは沈黙した。

「うん。それで」

「なんでなんやろ。アタシなあ、あんまりええ家の生まれとちゃうし、父親もおれへんかったし。ほんまええかげんな親やったしな。そんなんもあるやろな、やっぱし。アタシがこんなんなったんも」

こういう会話に不慣れなようで、言葉を選び選び、口をとんがらかせて、私の顔を見ずにうつむきかげんでつぶやく。私より歳上の金岡さんが可愛らしく見える。この人なりに悩むときがあるのだ。

彼女はそう言いおえると、まだ硬い表情のまま、私が何か答えるのをジッと待っていた。

私は言った。

「両親が揃ってて裕福な家の子でも悪い子は悪いやろ。いちがいに言われへん。それよりその親と子どものかかわりあいのほうが大事やと思う」

「せやろか」

「うん。私も産まれたとき、お父さんおれへんかったし」

「ほんま、せんせも」

「そう。でもグレたことはないで」

「せやな。そっち側におるもんなあ」

そのとき彼女は一瞬、外に顔をそむけた。どんな表情をしたのか、私には見えなかった。

「問題は片親やいうことで、子どもに必要以上に気い使ってしまうことやと思う。なんか、かわいそうとかね。親のほうに負い目があると考えるから強く出れない、これが問題」

「…………」

「子どももそれを逆手にとって親に甘えたい放題やろ。結局は環境というより、こっちがどうか、いうことなんよね」

私は胸を指さした。

金岡さんが目をパチッと開けて再び私を見つめた。私は続けた。

「うちの母親なんか、私を産んだときは、まだ十九歳で両親も夫もおらん人やったんよ。ほんまに頼る人なかった。おまけに彼女の最終学歴は小学校。ロクな仕事ないよ」

「ほんま」

「うん。とにかく身内が欲しい、言うてひとりで私を産んだんが、西成の四畳半のアパートや。仕事やったら何でもやった。ふたりでなんとか頑張ってきたけど、仕事求めてあっちこっち転々とした。甘えるどころか、子ども心にもこの人死んだら私どうなるんやろ思てたわ、いつも」

「ほんまに」

「一度は、赤ん坊の私かかえて車に飛び込もう思って車道に立ったって。何台も見送ったとき、私が急にワーンてすごい泣き出したんやて。それでハッとして、思い止まったって」

「…………」

「親かて未熟や、大変なんや、誰も助けてくれへん。けど、私らは誰のせいにもしたことはないよ、それが生きるいうこととちがうやろか」

――見ると、金岡さんが泣いている。ズズッと鼻をすすりあげて。

「せんせ、ちっちゃいときから苦労しはってんなあ」

大きな目から涙がハラハラと落ちた。

「アタシ、今度こそがんばるわ、ぜったい」

「そうやな、いつも誰かのせいにしてたらいつまでもしんどいよ。がんばり」

エヘン、と誰かが咳ばらいをした。

「もう寝なさい」

「ん。せんせ、おやすみ」

「おやすみ」

告白ごっこはこれでおしまい。照れ笑いひとつ残して、彼女はつま先立ちで人の頭の間を縫うように、畳に敷かれたグリーンのストライプ柄の自分の布団に戻っていった。

そんなことがあってから、金岡さんは舎房で私を見かけるたび、「せんせー」と子どものように、くったくない笑顔で手を振るようになった。

まもなく彼女は刑期を終え、出所していった。

そして金岡さんが出所とほぼ同時に再び逮捕されたと聞いたのは、それから約一週間後のことだった。

刑務官になりたい

私に刑務官という職業があることを教えてくれたのは、私が通っていた高校の廊下に貼られた一枚のポスターだった。

目的が目的なだけに、かなりシンプルなデザインだったと記憶しているが、セーラー服を着た私は、そのポスターの前でしばらく釘付けになった。

「刑務官募集。——法務省近畿矯正管区」

その飾り気のないコピーは、なぜか私の心に強く響き、脳裏のどこかに強く深く焼きついた。

高校三年生になったころ、私はひたすら大学入学をめざして受験勉強にとりくんでいた。みんながそう考えていたし、誰もが繰り返される実力試験に一喜一憂し、志望校選びに余念がなかった。

そんなある日のこと、私が中学生のときから通っていた空手の道場の先輩に、「北アフリカのアルジェリアへ空手指導者として赴任せよ」、とのお声がかかったというではないか。

そして、なんとそれは私のところにまで、「いっしょに渡航して現地での指導を手伝わないか」、という誘いとしてやってきたのだから驚いた。

私はおおいに迷った（フリをした）。大学に行くと決めていたからだ。そのために中学浪人までして高校は進学率の高いところに進んでいた。

書店に行き、アフリカのどこにそんな国があるのかと調べてみた。するとアフリカ大陸の上部、そして地中海の沿岸、海をはさんでイタリアの向かいにその国を発見した。広大な土地の大半に「サハラ砂漠」という文字が記してあった。確かに日本からはとても遠かった。しかし、考えれば考えるほどもちまえの好奇心が勝手にむくむくと頭をもたげ、本人の躊躇を無視してアフリカへの思いを馳せはじめたとき、十七歳の私はもう理性でそれを抑えることはできなくなった。

「大学なんか、帰ってきたらまた行ける」

高校卒業とともにアフリカへ渡る、という決心をするまでに、そんなに時間はかからなかった。

むしろクラスの友人たちのほうが、見知らぬ国へ行く私の身をたいそう案じてくれた。彼女たちは授業の合間、休憩のチャイムが鳴るたびに、彼女たちに想定しうる限りの危険やトラブルを私に話し聞かせながら、私の決心がどれほど無謀かを思い知らせようとした。

誰ひとり、喜んでくれる人はいなかったが、それも無理のないことかもしれない。アルジェリアと聞いて、すぐにその位置を答えられる人は少ない。唯一知っていたことがあるとすれば、昔流行《はや》ったあまりにうらぶれた淋しげな歌の文句、「ここは地の果て、アルジェリア」。私が向かおうとしている場所は、決してハワイでもパリでもなかった。

アルジェリアでの生活は目を見張るような体験に満ちていた。パリで一泊し、ドゴール空港を経由、やっと降り立ったアルジェ空港では、荷物のチェックを甘くするためのワイロが平然と求められた。それはたいていボールペンや百円ライターの類でOKされる程度の「お土産」だった。だが、禁止されている酒、とくに日本酒を持ち込みたい日本人商社マンたちにとっては「贈賄」はむしろ好都合のようだった。

車検の制度がないアルジェリアでは、車はタクシーですら恐ろしくポンコツだった。雨漏りのする屋根、地面の見える床、ドアのない車はめずらしくなかった。それでいて猛スピードで走るものだから、タクシーに乗る時には命がけだった。

私たちの住む街には四季があり、春は花であふれていた。だが、雨が降ると電話が通じなくなった。大雨になると水を運ぶタンクが坂を上がれず、何日も水なしの生活がつづいた。電気もよく止まり、ろうそくは必需品だった。郵便局に届く日本からの荷物は、いつも検閲のためかビリビリに裂かれていた。

私は着いた初日に街《まち》で盗難に遭《あ》った。街は、どこも男たちでいっぱいだった。市場にはいつもモノがなかった。卵や肉を買うためには長い行列に並ばねばならなかったが、それでも商品がある日はマシだった。

働かない男たちが早朝から何をすることもなく道に立っていた。その代わり、子どもたちがよく働いた。道端でタバコのバラ売りをし、市場では袋を買うよう群がってきた。子どもたちは裸足で、私たちを見ると、「ジャッポネーゼ！（仏語で、日本人）」と叫びながら、後を追い、時には物乞いをし、あるいはミカンの皮を投げつけてきた。

女たちはひたすら子どもを産みつづけていた。まだ三十歳というのに十人もの子どもがいる女性はめずらしくなく、歯はボロボロ、体を悪くしているようで、早死にする女が多いと聞いた。ほとんどの女はイスラム教の戒律で人前に出ることが許されず、チャドルという布を頭からすっぽりかぶり、目だけを出していた。街で女の写真を撮ろうとすると、色めきたった男たちに取り囲まれるのが常だった。

羊や牛はガリガリに痩せていた。ワインのビンは水洗が足りず、底には虫や爬虫類が沈殿しているので、いつも注意が必要だった。恐ろしく貧富の差が大きく、裕福な者の家は高価な家具、調度品で埋め尽くされ、外国人を招待してのパーティが繰り広げられていた。広い敷地に立つ屋敷には高い塀がめぐり、正門にはガードマンが立っていた。

一方、砂浜にはまだ紛争の名残の戦車が放置されていた。これが私が初めて見た社会主義の国だった。

私たちは給料を貯め、休暇のたびにフランスやイタリア、スペインに飛んでは、アイスクリームをむさぼり食い、買い物をした。

美容院に行けないので、私は長い髪を編んだり、まとめたりして暮らしていた。日本から届く手紙や雑誌がとても楽しみだった。友人から送ってもらったカセットテープで、そのころ流行の歌を楽しんだ。その中の一曲に久保田早紀の「異邦人」があった。まさしく異邦人だった私は、小高い丘の上に建つ外国人用のマンションの一室で、その曲を何度も聴いた。

それから私は途中、一時帰国して結婚式を挙げた。相手はいっしょに向こうに渡った、ひとまわり年上の空手の先輩だった。私は十九歳で既婚者となったのだ。挙式のあと再びアフリカに向かい二人して飛び立った。

二年間のアフリカ生活を終え、無事日本に帰ってきた私は、二十一歳になろうとしていた。

おっちゃんの忠告

さて、帰ってきたのはいいが、これからどうしようと考えたとき頭に浮かんだものは、あの刑務官募集のポスターだった。

問い合わせてみると、国家公務員試験は年に一度という。しかたなくその時を待つべく、それまでアルバイトをしようと決めた。その時私の人生は、何の迷いもなく、すでに刑務官になるために走りはじめていたのだろう。

今もって思うことは、なぜ刑務官になぞひかれたのであろうか、ということだ。

刑務官試験を受けるまでに、何度かこの刑務所の塀に面した国道沿いを車で通りすぎたことがある。長い長い灰色のコンクリートの壁。この高い塀の中には、罪を犯して投獄されたたくさんの女たちがいるのだ、と考えたとき、私の胸はドキドキと高鳴り、中を見たくてたまらないという強い衝動にかられたおぼえは、たしかにある。

しかし、和歌山女子刑務所の刑務官となったとき、私はまだ二十一歳だった。普通このくらいの年齢の女性は、お洒落《しゃれ》をし、恋をし、おもしろおかしく旅行をして人生を謳歌する時期ではないのだろうか。

ところが人生の岐路に立つたび、好奇心の趣《おもむ》くままに生きていたような私は、当時、刑務官という職業に就くことに、何のためらいもなかった。そればかりか、誰しもがとかく抱きがちな幻想――彼女たち受刑者はただ運が悪かったのだ、もう少し彼女たちが利口だったら、もしくは賢明な家族、友人がそばにいさえすればこんなことにはならなかったはずだし、もしかすると、私の慈悲深い励ましや慰めは彼女たちの心を動かし、それがきっかけとなって、哀れな彼女たちに更生の道を選択させてあげられるのではないか――などという子どもじみた正義感に、未熟な私も酔いしれていたのかもしれない。

もちろん、このような気持ちを持つことは、悪いこととはいえない。だが、よく刑務所に慰問に来られる歌手や篤志家の方々の動機や心情に、かつての私に似たものを感じとり、そのたび複雑な気持ちにさせられることがあった。

実際、そういう動機から生まれた行為や言動が効果を発揮するのは、ほとんどといっていいほどまれだ。何より、彼女たち受刑者が、本当はそんなものちっとも望んでいやしないのだから。

また、「刑務所の中を知りたいから」といって、なんで刑務官になる必要があっただろう。それに関する本を読むとか、たまにテレビでやってる「潜入ルポ、女子刑務所二十四時間」

を研究するとか、はたまた慰問団に加わるとか、他にもいろいろ方法はあったはずだ。そう悟ったのは、私がすでに刑務官として勤務をしていたときだった。

今はもう他界しているが、私には昔、いわゆる「ヤクザ」という職業についていたオジさんがいた。当時、宝塚で小さな組の親分をやっていた。

こういう職業の人は、ふつうひと目でそれとわかる風貌をしているものだが、この人はちがった。どこからみても普通のおっちゃん。むしろ威張らない、おとなしいものの言い方をする人だった。私はこのおっちゃんを気に入っていた。

私はテキヤをやっていたおっちゃんのもとで、お正月になると、道端に簡単な屋台を立て、タコ焼きを売るアルバイトをよくさせてもらっていた。手伝い始めたころは小学校三年生だった私も、その頃はすでに高校生になっていた。

その日もテントの中で、おっちゃんと私は二人並んでタコ焼きを焼いていた。ステンレスのトレイの中、なるたけ大きく見えるように工夫して切ったタコの足の冷凍が、鉄板の熱気で少しずつ解け始めていた。ジュウジュウと油と隠し味のしょうゆの焼ける臭いが立ち昇ってくる。お客さんが切れたときを見計らって、私はおっちゃんにこう言ってみた。

「私、刑務官になろ思うねん」

するといっ拍おいてから、日ごろ無口なおっちゃんがめずらしくはっきりと、

「お前さんには合わん、ああいう仕事は。悪いこと言わんからやめとき」

そんな答えが返ってきた。その語気の強さに私は口をとがらせた。

「なんでわかるのん」

おっちゃんはまたひと息おくと、

「昔、刑務所に入ってたことがあるからや」

と、言った。そして、

「看守はつまらん仕事や」

とも。それだけ言うと、おっちゃんはもう何も話さなかった。

　おっちゃんが刑務所にいたことは初めて聞いた。どちらかと言えばもの静かな男だと思ってたのに何をしたんやろ、いらんことを言わせてしまったかな、ともちらりと思った。しかし、それを聞いても私の気持ちは変わらなかった。刑務官と受刑者という立場から生まれた誤解だろう、とカンぐることで、おっちゃんの心情を理解することにしたのだ。

　若さに勝る情熱はない。「どんなところやろ」とむしろ余計に好奇心が高まり、やっぱり刑務官になろう、と決心はさらに強固になってしまった。今さらながら、苦労を先読みした大人の忠告ほど役に立たないものはない。

国家試験合格

私が刑務官として和歌山刑務所で働いたのは、わずか二年足らず。その間、刑務所から歩いて二分ほどの、目の前に高い塀がそびえ立つ古い官舎に住み、足しげくその塀の中と外を行ったり来たりした。楽しかった思い出はない。それらしきものは見事に思い出すことができない。

夜勤明けの朝は、官舎に戻り、ひとり風呂に湯を張って、冷えきった手足をゆるりと湯の中で温め伸ばす。それから明るい日差しの中、布団にもぐりこんではうつうつと眠り、ボケた頭でひがな一日洗濯、掃除をすませ、時間になるとまた制服に着替えて塀の中に戻った。真夜中に働くあの倦怠感と疲労感——腹は減っていても、いったん夜中に食べることを習慣にしてしまうと、一日の摂取カロリーは過剰となるうえ、私は胃腸が強いほうではない。やむなくすきっ腹をかかえて、寒さの中、薄い制服で舎房を歩き回る。あるいはストーブにかじりついて眠りこけ、ひたすら交替を待つことになる。

来る日も来る日も、暑い寒いにかかわらず、戸外で作業を続ける受刑者について立ちつづける。そして休日も元旦もなく勤務表に従って働きつめたあの二年間は、私にとってまさに刑務所と一体になった生活だった。

私が刑務官試験を受けたときは、奇遇にも国家公務員試験としての刑務官試験の受験者第一号だった。それまでは刑務官の採用は国家公務員試験という形をとらず、現地採用であり、身内の紹介や、縁故、近隣に住む人から希望者を募って採用していたようだ。

刑務官看守という職業には「それだけ」しか求められていなかったということだろうか。それとも素性や信用が大事ということか。ともかく、この土地には昔、刑務官だったという人がめずらしくなかった。

この国家試験第一号という偶然も、あとになってみると、いろいろとトラブルの種になった。何かといえば、

「あらあ、国家公務員試験に合格したんでしょ？　そんなことも知らないの」

と、くる。正式な公務員試験を受けずにこの仕事に就いていた先輩たちの何人かには、あとあとつまらぬやっかみを受けるタネになってしまった。

ひっそりとした刑務所の朝、講堂を試験場にして法務省近畿管区の刑務官採用試験は行われた。

刑務官試験は、一般教養と論文からなる「筆記試験」と、「体力試験」の二つから構成さ

れている。受験者にはやはり、二十歳代の若い女の子が多く、中には十代の幼い感じのする人もいた。少年院や鑑別所で勤務する教官は大学卒が必須条件だが、刑務所での勤務者は高校卒でよいからだ（これはなぜだ?）。どちらかというと真面目なタイプの人が多かったように思う。

誰もが緊張した面持ちでその場に臨んでおり、ニヤニヤ笑うことは不謹慎らしかった。静まりかえった講堂には鉛筆の音だけが響いた。

国語の試験開始後すぐに、私はハタと手を止めた。アルジェリアでの二年のブランクがひびいており、簡単な漢字がなかなか思い出せない。以前は得意だっただけに情けない。向こうでの滞在中、なるべく手紙を書いたり、日本から送ってもらった本を読むよう心がけていたのだが、やはり圧倒的に日本語と接する機会が少なかったようだ。完全に私の日本語力は衰えていた。

ウウ、あせる。失った国語力の大きさのわりには、あちらでの公用語だったフランス語の上達はイマイチだったなあ、などとこんなときにいらぬことも思い始めた。

なんとかごまかしごまかし小論文も終え、午前中の筆記試験は終了した。昼食をとると、あとは場所を変えて体力試験だけ。

中学のときからずっと空手を続けていた私は、体力にはすこぶる自信があった。とくに自慢は「腹筋テスト」。漢字の点数不足をこれで挽回すべし、そう考えると血わき肉おどり、顔には笑みがもどり、となりの人に話しかける余裕も出てきた。

柔軟テストは無論らくらくパス。いよいよからだもほぐれ、私の腹筋運動にかける情熱は今や最高潮に達しようとしていた。女子が十人ずつ、マットの上にメザシよろしく仰向けに寝転び、準備はＯＫ。ピーッと合図の笛。いざ、腹筋開始！

目を閉じ、無我の境地でひたすら腹筋運動に没頭する。とうに百回は超えただろうか、ハッとわれに返ったとき、腹筋運動をやっているのは私ひとりだけだった。やっとわが身の状況を考慮する余裕が出るまでには相当時間が経っていた。

まわりを見ると、試験官を含む全員が沈黙して私を見つめている。そこに尊敬や驚嘆の念は感じられなかった。

「こいつはこれでもオンナか……」

私を見おろすその目がむしろ哀れみをたたえている。他の受験生たちはとっくに適当なところでリタイヤし、次の指示を待つべく整列して座っているというのに。

そのとき、たまさか私と目が合った試験官がひとこと、

「けっこうです。もう、充分」

と、あきれたように告げた。

まわりの冷ややかな視線の中、私はバツの悪い面持ちでノソノソと立ち上がった。

体育会系人間のサガか、競争となると異常にムキになって、まわりの状況がわからなくなってしまうという悲しい条件反射が、私にもしっかりと息づいていた。これでは野生の動物となんら変わりないではないか。忌むべき、卑しむべき習性だ。またやってしもうた。あー恥ずかし。

ところが、猛烈腹筋運動のかいがあったかなかったか、私は無事試験に合格した。そして通常、国家試験に合格してもすぐに採用があるとは限らないのだが、これも幸か不幸か、採用通知もすぐに来た。

「和歌山刑務所」に勤務が決まったのだ。

さらば、花のアルバイト

一月から和歌山刑務所に採用されることになった私は、アルバイト先の「和歌山放送局」に事情を話さねばならなかった。正直なところ、ここでの仕事はとても居心地のよいものだったため、少し複雑な心境だった。

アルジェリアから帰国してアルバイトを探していた私は、職業安定所をたずねた。そこで勧められたのがこの和歌山放送局だった。

放送局というところは、華《はな》のある職場だ。アナウンサーがいて、報道部には記者がいて、たまにはタレントや歌手などの芸能人も来れば、政治家も出入りする。しかも社長、管理部長をはじめ、当時の私から見ると非常に素晴らしい人材がこの会社には多かった。

また、マスコミ関係の共通性か、ここで働く者ははつらつとしていた。それぞれの個性を生かして仕事を楽しんでいる感じがあった。刺激もそこそこあるうえ、給料や待遇面などの条件も悪くないのだろう。

総務部に配属された私は、受付業務から郵便整理、会議の準備や生け花のお手伝い、社長のカバン持ちにいたるまで何でもやりながら、いろいろな体験をさせてもらうことになった。ときにはスタジオに呼ばれてCM収録のため、セリフの声出しをしたこともあった。

ある日、近くの喫茶店でひとりぼんやりしていると、向かいのテーブルにアナウンサー室のお兄さんがひとりでお茶を飲んでいた。彼は私に気づくと、愛想のよい笑顔を浮かべてこちらへコーヒーカップを持って移動してきた。それまであまり話したことのない人だったが、この日彼はとりとめもなくいろいろな話をしてくれた。

彼はゆったりとした見かけによらず、上昇指向が強い人のようだった。自分がDJを担当している番組に特色をつけるために、いろいろな工夫をしている、と語った。新譜の情報をいかにして他の番組に先駆けて入手するかについてや、実は密かに東京進出を狙っていることなど、さまざまな策を練っているのだと熱心に語るその横顔が印象的だった。

実際、このときから十年ほどたったある日、ブラウン管の中で朝のテレビ番組のレポーターとして活躍している彼を見た。

「やったね」

自分の夢を着々と現実にしていく彼の勇気に、私もうれしい気持ちになった。

男性アナウンサーのひとりは、ある選挙に立候補するためにここでの職を捨てた。手作り選挙を展開し、背広にたすきがけで、名前を連呼する自転車に伴走されながら、いなか町を走っている彼に、私も路上で手を振り拍手を送った。

また一度は、ちょっとカッコいい報道部のお兄さんに熱をあげた。すでに彼には社内に公認の彼女がいた。恋敵あらわるとばかりに彼女の刺すような視線を受けた私はたじろいだ。

そんなとき、

「彼、ちゃんと妻子がいるのよ」

誰かが私に教えてくれた。彼女は道ならぬ恋に身を焦がしていたのだ。美人だが、ちょっとやつれた横顔が今も印象に残っている。つらい恋愛のようだった。

受付がひまなときは、社長の運転士がいろんな昔話をしてくれた。

結局、私はまだ二十歳そこそこのアルバイト。誰もが私にやさしく近づき、本音をもらしては「これは秘密」とささやいた。そうしたことが重なるうち、あるきっかけで、なぜみんなが揃って私にやさしいのか、その理由が理解できるようになった。

ある日、総務部の係長のお小言がもとで、私が受付ですねていたことがあった。さっそく同じ総務部の年上の女子社員がふたりで私をなぐさめにやってきた。私をはさんでやりとりされた会話は、このようなものだった。

「ホーントひどいわね、係長ったら」

「うん。そんなこと言うなんて許せないわ」

「そうよね。言いすぎよ、たかがバイトの子に」

願わくばここでずっと働いていたいと思っていたが、それはできないこと、と宣言されたように感じた。みんなが私に心を許す理由は、あくまで私が社員ではなく、いずれは去っていく人間だからなのだ。相手が自分の居場所を決して侵さないとわかったとたん、人はとても優しくなれる。それが現実のようだった。

マスコミ関係は学生の人気が高いこともあり、当時まだ高卒のままだった私は、ここの社員になることなど望むべくもなかった。もうそろそろ次を考えるべき時、と思い始めたある日、「採用試験合格」の通知が自宅に舞い込んだ。

管理部長にここを辞める時期を相談した。彼は、社内がボーナス支給に沸きたつ日は、いつも自腹を切ってアルバイトに「御歳暮」と銘打ったプレゼントを手渡す人だった。廊下にそっと飾られた花は、いつも彼のお財布から買われていたことも私は知っていた。管理部長は当時すでに髪が白かったが、彼はメガネの奥の目を細めて、心からこの合格の報告を喜んでくれた。

そして、お別れの日には廊下のすみで就職祝いを手渡してくれもした。彼は厳しさの中にも温かさと、どんな人にも配慮を忘れない人だと今も思う。いつかまた会いたい人のひとりである。

私の刑務官合格の吉報はアッというまに社内に広がり、他の社員もそれぞれのスタイルで旅立ちを祝ってくれた。アルバイト最後の日は、番組名入りのトレーナーや特大のミッキーマウスの壁掛け、そして紅白の水引のついたお餞別を両手にかかえ、私はたくさんの声援と励ましに見送られて放送局をあとにした。

これまであまり華々しい場とは縁がなかった私は、この最後のときをなんとなく照れくさく、しかしうれしく覚えている。この和歌山放送局は、忘れられない職場となった。

こうして私は、ただのお気楽なアルバイトだった日々に自らピリオドを打ち、どうしても行かねばならない運命の場所のように思えた刑務所へと自らを向かわせた。

ところが辞めてしばらくの間、思い出すのはこの放送局での楽しい日々ばかり。それだけにいっそう刑務所での勤務が、つらく感じるはめになったのは皮肉なことでもあった。

エッ、これが制服?

採用通知に指定されたその朝、はやる気持ちと不安の入り交じった気持ちをスーツに包み、私は再び和歌山刑務所の門をくぐった。

私と同期で採用されたのは、私より八つほど年上の女性、塚田さんひとりだった。

和歌山刑務所は和歌山市内にある。もともと明治時代にここ和歌山に設置されたと聞いている。その後、市内を転々としたあと、この場所に昭和の初期になって新しく建てられた。

初めから女子刑務所として建てられたものではないため、いかめしい様相をしている。建築物としてもたいへん堅牢で、ここのモルタルは特別な造りになっており、年数とともに頑丈さを増してくるため、まだまだ現役で充分使用に耐える、とはあとで聞いた話だ。

そこはふだんと少しも変わることなく、ただひっそりとしていた。

威厳のある窓、高い天井、シーンと静まりかえった廊下に響くのは、私たちの前を行く案内の職員の靴音だけ。なんだかまるで自分が受刑者になったような気持ちになる。

その原因のひとつはここの塀にある。和歌山刑務所の建物はもともと男子用に造られたもので、かなり塀が高く、威圧感がある。見るからに「監獄」というイメージなのだ。

後に研修で訪れた、比較的最近につくられた新しい刑務所はまったく雰囲気を異にする。とくに女子の施設は塀も低いうえ、採光・居住性も考慮され、明るいイメージとなっている。交通刑務所の加古川刑務所を見学したときなど、なんと近代的で、開放的なところか、これが刑務所と言えるのだろうかと驚いたほどだ。

確かにここは刑務所なのだからもともと活気に満ちているわけはないのだが、和歌山刑務所には格別の暗さがただよっていた。そしてそれはここに勤める人間や全体の雰囲気にまで及んでいた。はじめてそこを訪れた人間に対するにしては、すべての人がひたすら淡々としており、私のふくらんだ期待が時間の経過とともにしぼんでいくのを、押しとどめることはできなかった。

案内の職員について所内をウロウロしているうちに、だんだん「私はとんでもないところに来たのではないか」という思いにかられはじめた。そんなの当たり前じゃないか、と思われるかもしれないが、想像以上にそこは特殊な空気に包まれていた。

この不吉な予感を軽視すべきではなかったと、私が後悔するまでに時間はかからなかった。それはその日のうちに明確になったからだ。

初日なので当然私服であった私たちが、いろいろな説明のあとに案内されたのは、所内のはずれ、まるで昔の小学校の木造校舎のように古ぼけた老朽化の進んだ建物だった。

白髪頭の案内の職員にうながされ、湿った空気の中、ギシギシと暗い階段を上がると、二階は物置のようだった。

閉め切った雨戸のスキ間から光の筋がさし込み、ホコリが輝いている。何段にもなった棚には、糸で綴じられた、まさしく何十年という年月を経て黄ばんだ書類が、ぎっしりと詰め込まれ、ホコリとニスの混じりあったような独特の臭いを放っていた。

そしてその奥にはたくさんの衣類が乱雑に積み上げられていた。それはみな緑色をしており、大半がむきだしで、中古品のようだった。案内の職員は、私たちふたりを上から下までチラッと一瞥してから、ちょっと迷ったかと思うと、ある棚の折り重なった衣類から、二枚の服をワシづかみにして引っ張り出し、つぶやいた。

「これぐらいかな」

私たちふたりに差し出された物は、くたびれ、裾が少し擦れていた。明らかに何度も人の手を経たものだった。それが私たちの制服だということに気がつくまでに、少し時間がかかった。

「ちょっと着てみてくれんか」

そう言うと、その初老の職員は私たちにクルリと背を向けた。

新しい制服が新調されないなどと誰が予想するだろう。かりにも私たちは国家公務員試験

に合格し、正式に職員として採用されたはずだ。その制服がこれなのか。しばらく信じられず、突っ立っていると、

「次はズボンやなあ」

私たちの気持ちなど知る由もなく、次々と私たちふたりの目の前に古い衣服を放り投げる職員に、この現実は受けいれざるをえないものだと知った。やむなく、私たちはノソノソとそれらの古着をかかえて部屋の隅の棚の裏へ移動し、上着を脱ぎはじめることにした。日常勤務用の上着とズボン、帽子、そして行事用のエンジ色の制服とスカートと帽子をそれぞれ服の上から適当にからだに合わせた。しかもなるべくきれいなものを。私たちはずっと無言のままだった。


自宅では家族が目を丸くした。

「ええっこれが制服？　新しいのはいつ？」

「警察なんかみんな新品支給だって聞いたぞ」

朝のワクワクした気持ちはどこへやら。壁のミッキーマウスが笑っていた。

あいさつまわり

いいかげんに選んだ制服は、やはりからだに合っていなかった。

というよりは、多少のサイズちがいは犠牲にして、少しでもきれいな服をと見た目で選んだ結果なのだから当然かもしれない。

肩幅が広めでがっちり型の私はサスペンダー、つまりズボンつりを買うだけですんだが、とてもヤセている同期の塚田さんの両手の指先は、いつも上着の袖の中に泳いでおり、ズボンのウエストに極太編みのフィッシャーマンズセーターの裾を突っ込んでもまだ余裕があるほどブカブカだった。

さらにヨレヨレになった緑色の帽子を、カーリーヘアにピンでとめるロッカールームの塚田さんを横目で見ていると、なんだか痛々しい。思わず「みじめ」という言葉が脳裏をかすめたが、それを言ってしまえばあまりに自分たちがかわいそうになるのでこれはやめた。

さあ初日だ、ガンバルゾ！　翌朝まず課せられた仕事は各課へのあいさつまわりだった。その「あいさつ」のために保安課であらかじめ用意されていたセリフは、恐ろしく厳めしいものて、塚田さんとふたりで何度も繰り返し暗唱するのだが、なかなかスラスラとはいかない。

同時に敬礼のやり方も習ったが、ひじの角度が難しく、塚田さんの敬礼は失礼ながら何度見てもこっけいとしか言いようがなかった。

時間が来たので、私たち二人は所内「申告行脚」の旅に出かけるよう、促された。不安な面持ちで各課のドアを叩き、その課の長の前に進み出て、二人で横に並び、まず敬礼をする。次に大きな声で、たしかそれはこんな言葉から始まったように記憶している。

「申告します！　我々、二名は、一月一〇日をもって保安課に拝命いたしました。よって……」

敬礼もはじめてなら、その軍隊のような重々しい言葉遣いに「時代錯誤」という言葉が何度も浮かんだが、ともかくノルマを果たすべくあっちが終わればこっちと走り回り、不慣れな敬礼と申告を午前中私たちはくりかえした。

だが、いくら頑張ってうまく言えたと思っても、終始、温かい歓迎の笑顔に出会うことはなかった。あいさつを受ける側は一応立ち上がるが、決まり文句をひとこと無表情に私たちにかけるだけ。

「ああ、がんばってください」

まわりで仕事をしている職員たちもたいして興味がなさそうに、私たちをチラとひとめ見上げると、また机に目を落としてペンを走らせていた。すべてが形式と規則に従って事が運び、互いにその役割を演じるだけの儀式にすぎないようだった。

その間、ひんぱんに頭をよぎるのは、アルバイト先だった和歌山放送局をはじめて訪れたときのことだった。

丁寧な案内に促され、私はゆったりとした応接室に通された。そこで皮製のソファに身を沈め、高価な花器に美しく盛られた季節の花をながめながら、出されたコーヒーをかき回していた。

そこへドアを開けて入室してきたのは上品な壮年の男性だった。

「やあ、はじめまして」

きちんとした身なりでにこやかに姿をあらわした。

「私が管理部長の鈴木です。いい人が来てくれて喜んでいるんですよ」

思わず立ち上がった私に再び椅子をすすめると、彼は笑顔で前の椅子に腰掛けた。しばらく世間話のあと、次は総務部に案内され、スタッフひとりひとりの紹介が始まった。

「私、経理の阿部です。よろしくお願いします」

みな仕事の手を止め、にこやかに私を取り巻くとそれぞれ自己紹介を始めた。

「私は木村。この人はあだ名がインコ、一番年配だから口うるさいけど気にしないでね」

「えーそれはないでしょうが同じ歳で、僕は佐藤。何でも聞いてください」

「森でーす。このあとお昼、いっしょに行きましょか」

「あっ、コイツ。結婚してるくせに何言うてる、気いつけたほうがええよ」

ドッとわいた。みんなユーモアいっぱいで親切、それでいて礼儀正しく、育ちの良さを感じさせた。それぞれが自分の仕事に誇りと自信を持っているのが、はじめてここを訪れた私にも感じられた。健全な職場という第一印象だった。


刑務所にはふたつの塀があり、二重の壁で構成されている。中に入るためには、二つの門をくぐらねばならない。まず、外の国道沿いから見ることができる高い塀。この外壁の門は誰でも行き来ができる。ここを入ると、庶務課、会計課、用度課、作業課、分類課、教育課、所長室などで構成される中枢の建物がある。この向こうにはまた塀がある。

内側の壁は、塀の外と内を厳粛に隔てる境界線であり、この中は事実上の刑務所、受刑者たちの住居地区と呼ぶべきところで、専用の鍵がないと出入りできない。ここには、実際に受刑者の生活の場となっている舎房の他に、看守たちのコントロールセンターである保安課、管理部長室、医務課、工場などがある。

この内壁の門についている、私でも腰を曲げてくぐらなければならないほどの小さな鉄の扉は、つねにガッチリと施錠され、職員以外の者は開錠することができない。したがってここで働く職員は、つねにこの門の鍵を身につけておく必要があった。

私たちは慣れぬ手つきで、受け取ったばかりの鍵で鉄扉を開錠し、中に入った。この鍵は紛失をふせぐため、つねに太いヒモでズボンにくくりつけてある。

そして医務課での申告を終え、最後は私たちが所属するところの保安課へたどり着いた。私たちを迎えたのは斉藤保安課長だった。

五十歳前くらいだろうか、日本人離れした目鼻立ちのハッキリとした口もとの美しい女性で、キリリとした印象だ。お定まりのあいさつの後、直属の部下となる私たちに、ハキハキとした口調で言葉をかけた。

「しっかりやりなさい」

私は少しホッとした。やっと生身の声を聞いた気がした。斉藤課長にはこの日から好意を感じた。

先生と呼ばないで

刑務官はピストルを持っていない。警棒もない。では、何を持っているかというと、こういうものである。

刑務官には、「三品《さんぴん》検査」というものがあり、これら三品は常時携帯を義務づけられる大切なもの、とされている。まず、「刑務官手帳」。菊の御紋入りの黒い皮のカバーがついている重々しいデザインだ。中には自分の身分を証明するための写真、名刺が五枚と、非常時のために千円札をたしか三枚ほど入れておかねばならない。

これらは受刑者の突然の逃亡などに備えたもので、追いかけたはいいが、自分の立場を信用してもらえなかったり、お金がなくて乗り物に乗れなかったり、連絡をとることができなかったりすることを防ぐものだ。しかし、今なら最低一万円と、クレジットカード、テレホンカードくらいは入れておいたほうがいいように思うが、余計なお世話か。

次は「捕縄《ほじょう》」。簡単に言えば罪人を縛ってつなぐ荒縄のことである。ひとまとめにして端を結んだものをつねにズボンのポケットにしのばせ、いったんことあれば一瞬のうちに解くことができるよう、毎日扱い方の訓練がある。

実際に使ったのは、出廷時などに手錠に結わえて受刑者をつないだりしたことがあるきりだ。相手は犬でもあるまいし、これは精神的に抵抗感がある道具のひとつである。

三つめは「笛」。これはおわかりだと思うが、非常時にピーッとやる。実際に必要性にせまられて吹いたことは一度もなく、もっぱら訓練でピーピーやるだけだ。岡っ引きになった気分である。

これらの三点セットは毎朝、登庁時の点呼で実際にちゃんと身につけているかどうか、チェックする儀式を受けるために持っている。

初日の終わりに、少しだけ実務につくことになった。つまりちょっとだけ刑務官としての仕事をしたのである。受刑者たちが一日の仕事の終わりに行う掃除への立ち会いである。もちろん先輩の保安課職員がいっしょだが。

いきなり、まだわけもわからない私が、受刑者たちが掃除をしているところへ連れていかれた。いよいよ受刑者たちに会う。ドキドキ……。

そこでは数人が二、三メートル前で掃除をしていた。上下とも薄いグレーの衣服を着て、頭に三角巾をしている者もいる。それぞれほうきを手に黙々と庭を掃いていた。

生まれてはじめて見る、刑務所の受刑者たち。「これが、受刑者なのか」――まず頭に浮かんだ言葉はこれだった。そして同時に、私は軽い金縛り状態になっていた。私は彼女たちを目の前にうろたえ、あがっていたのだ。

たいていの日本人は、人種差別という習慣?になじみがない。アメリカや南アフリカなどと異なり、歴然とした肌の色や国籍のちがいがほとんどない社会で生きているからだ。おまけに相当のお金持ちでなくては、服の色を別々にした使用人を雇うことなんかには無縁。こんな職業にでもつかない限りは、服の色で明らかに身分を区別したり、そしてそれを管理するという権力をもつ立場に立つことなど一生ないだろう。

ともかく私は刑務官になった。そして今、彼女たちを見張るという任務にあるのだ。だが、いったいどこに、どう立っていればいいのか。そしてどんな表情がこの場にふさわしいのだろう。ニヤニヤと笑っているのもヘンだし、直立不動も不自然だ。それらしい立ち方は、えーと……。

緊張で混乱する私の心中を見すかしているかのように、彼女たちは、慣れた手つきで掃除をしながらもチラリ、チラリとこちらをうかがっている。見慣れない私を観察しているのだろう。しばらくして、ただボーッと突っ立っている私に向かって、ひとりの受刑者が近づいてきた。私の脈拍が一挙に上昇し、耳が赤くなるのを感じた。心臓の音が彼女に聞こえないかと心配だった。その受刑者は四十代半ばくらいだろうか。もちろん、素顔である。

「せんせ」

えっ、先生。そうか私は先生なのか。呼ばれたからには返事をしなければ。

「……はい」

「掃除、終わりました」

「あ、はい」

それが彼女の名字なのだろう、胸に名札がついている。私は「はい」という以外何も言えないし、できない。

あんたが素人で無能なのはわかってる、ちょっとからかっただけ、とでも言いたげに、彼女は事務的にそれだけを伝え、一瞬私の表情をチラとうかがうと、さっさと掃除用具を集め、それらを両手にかかえて全員で一列に並び、静かに指示を待った。

先輩の看守がその列に向かって、

「番号」

と声をかけると、

「一、二、三、四……」

号令が始まった。おしまいの数字を確認した看守は彼女たちをうながし、歩き出した。取り残されてはいけないので、私もともかく一番後ろについて歩くことにした。

この日がデビュー。私の刑務官生活が始まった。

待機室

私の身分の正式名は「法務事務官看守」。女性だけの刑務所は日本に四ヵ所あり、ここ和歌山と麓《ふもと》、笠松、栃木である。そして「女区」という形で男女両方を別々に収容している札幌刑務所がある。

和歌山刑務所の保安課で働く看守は、ほぼ女性だけで構成されている。保安課で唯一の男性は、少し歳のいった主任ひとりきり。彼はもっぱら看守たちの勤務の割り振りを決定する「勤務表」を担当している。保安課のおもな仕事は、受刑者の処遇、作業の実施や警備であり、いわば看守と呼ばれる代表的な役割を担っている。

刑務官の順列は、下から看守、看守部長、副看守長、看守長となっている。看守もヒラのうちは完璧に肉体労働者だ。夜勤の日には朝八時に所内に入ったが最後、翌朝の九時過ぎまで拘束される。翌日は休みとは限らない。慢性的に人手が足りず、皆、疲れている。

夜勤もひどいときには月に十三回もやったことがある。十三回は限界だ。朝まで働くのだから、その日は何とか睡眠をとるために非番。するとそれだけで二十六日。あと四日だけは日曜代わりに休むとしてもこれで三十日。一ヵ月まるまる夜勤三昧というわけだ。徹夜を隔日にくりかえすわけだから、体の不調を訴えないほうがおかしい。

かくして看守たちを拘束する勤務表はめまぐるしく変化する。勤務表の動きに女たちは敏感でいなければならず、朝は通常の昼間勤務だったのに、いつのまにか夜勤に変わっていておおあわてなんてこともザラだ。

家庭を持っている女性もいるし、誰だって休日は出たくない。たまにはまとめて休暇をとって、旅行にだって行きたいのが人情だ。しかし、すべてはこの勤務表の自分の欄に何と記入されているかにかかっている。

この決定権は主任ひとりにあるのだから、勤務表をめぐって水面下で戦いが起こるのはちっとも不思議ではない。主任さん懐柔作戦に出る者、泣き落としで別の日に変えてもらう者もいれば、

「えっ、またこの日なの主任さん！　私この前も休日に夜勤やったやないですかっ」

と威嚇と脅しでせまる者、看守それぞれが自分の得意技で日夜攻防に明け暮れる。

ほとんど何も言わない看守もたまにはいるが、文句を言う看守は常連さんである。たったひとりの男性である主任さんはちょっとお歳を召していることもあってか、いつも悲しげな暗い顔でタメ息をついていた。

私たち看守の控室は、兼談話室、兼着替え室、兼休憩室、兼仮眠室で、正式には「待機室」と呼ばれ、保安課の二階にある。

まず入ってすぐの洋室には、ほんの何人かしか座れないスプリングの弱った、模様がハゲて変色したソファがある。その後ろにガス台と流し台がついていて、ちょっとした料理ができるようになっている。冷蔵庫も一応あるにはあるが清潔とは言いがたく、マジックで名前が書かれた食品や調味料、たとえばマヨネーズやバターなどが、いつのものかわからない様子で突っ込まれていた。

隣接した畳の部屋は仮眠の布団を敷くためのもの。あとは着替えのためのロッカールーム、廊下にトイレと私物用の小さなロッカーキャビネットがある。はっきり言って、とても女たちの部屋とは思えない、殺風景で粗雑な部屋である。

その日何の仕事をするかは、朝、自分の持ち場を勤務表で確認してからだ。勤務は交替制になっており、交替要員が来れば三十分休めることになっているが、報告や、トイレ、雑用に時間がとられ、待機室に座ってお茶の一杯も飲む時間すらなく、持ち場に走っていくことも多い。するとまた一時間半、立ったままである。

年配の看守もいる。看守によっては機嫌をモロに顔に出す人もいて、交替の到着が少しでも遅れたりすると、ムッとした顔でにらまれてしまうから気をつかう。

既婚者や子持ちもいるが、未婚の人も多い。やはり職場に男性がいないうえにこの激務。どうしても縁が遠くなるのだろう。

当然といえば当然なのだが、はじめのころ、私はこの待機室のことがよくわかっていなかった。ソファが空いているときは勝手にそこに座り、皆によく話しかけていた。ただ、その間も若い看守たちは畳部屋の敷居の段差に隅から順に腰掛けていたので、不思議に思ったことが一度くらいはあった。しかしまさか、若いのはソファに座らないもんだ、目下からは話しかけないもんだ、などという暗黙の了解があることなど想像だにしなかった。

この「しきたり」に気づいたときはもうすでに遅し。私は生意気で態度の大きい、気のきかない新入り、というレッテルを全看守仲間から貼られてしまっていた。そしてこのレッテルはずっと私につきまとい、私を悩ませ、最後には退職にまでいたる大きな原因となった。

親切に、ここの職場のシステムをあれこれと教えてくれる人など、ひとりもいなかった。聞けば答えてくれる人もいたが、誰もが自分の勤務に忙しく、新入りの手ほどきなどしている暇はないようだったし、また、それも「しきたり」であるようだった。

板前よろしく、新米看守は怒られながら、先輩の仕事を盗み見て育っていくのだ。誰もかまってはくれない。看守の世界は新米とベテランの、厳然とした主従関係が存在しているタテ割り社会、甘ったるい新入歓迎会など望むべくもなかった。そう、ここは監獄なんだ。

ああ、退屈だあ

研修らしきものも一日、二日ほどあったように思うが、あまり記憶にない。同期の塚田さんとふたり、各課の長が入れ代わり立ち代わり講師となる中で、六法全書のようなものを読みあげていただく。しかし、ほとんど理解できないし、そんな短時間の教育では何の役にもたちそうにない。

とくに、われわれに一番関係の深い「監獄法」は、すべて漢字とカタカナで記載されているうえ、昭和以前の法律なので、出てくる用語も「コレコレノ罪ヲ犯シタル者、イクライクラノ科料ニ処ス」とか、時代遅れもはなはだしい。こんなひどいことして罰金は何十円なの？　というノリである。

おまけに一度読んだくらいでは、何のことやらさっぱりわからない表現のまわりくどさ。逐一、現代語による訳を読まないと理解できない。もし、機会があれば一度六法全書をひもといていただきたい。その古めかしさ、時代錯誤に驚くだろう。

ところが、塚田さんはこんな難解な文章にかかわらず、六法全書をえらくスラスラと読み上げる。私とちがって勉強が好きなんだなあ、とその横顔をながめながら感心する。あ、そうか、この人は大学を出ているのだ。高卒でアフリカに行ってしまった私とは心がけがちがうか。

監獄法の改正が叫ばれてから久しいが、いまだに改正の動きは遅々として進まない。私が和歌山刑務所で研修を受けていたころから、改正だ、改正だ、と言われていたが、この調子ではいつのことやら。しかし、法は法である以上、罪を犯した者はこれに基づいた処置を受けるしかないのだから、ほんとにお気の毒である。

新人教育を任された先生方もそう思っているご様子。ほんの申し訳程度、とにかくやれと言われているからやるか、という程度のお勉強だったから、お互い力の入らないことおびただしい。これは時間のロスというものであろう。

ところが、ちゃんとした研修は、そのうちに約三ヵ月間かけて、大阪府堺市の研修所で泊まり込みで行われると、ずっとあとで誰かに聞いてわかった。そんなことくらいはじめのうちにちゃんと言っといてよー、と文句を言いたくなるほど、肝心なことはさっぱりこちらに伝わってこない。新人の受け入れ態勢が、まったく確立されていないのだ。

そんなこんなで、いまだこの仕事がどんなものかもよくわからぬうちに、とにかく私たちは言われるままに看守見習いをしていた。ただ少しずつ了解してきたことは、私たちはあまり笑ってはいけないし、おとなしくしているほうが身のためだということ。はじめの元気はどこへやら。塚田さんと私の表情は日々だんだんと暗くなり、意気消沈しつつあった。

私の初仕事は、例にもれず東北門勤務だった。

ここは新人の登竜門らしい。広大な施設のはじっこ、まさしく東北の方位に大きな門があり、数メートルの高さと幅を持つ鉄の扉がそこにそびえ立っている。そしてその横に立っている小さな小屋、私はここで門番をすることになっている。

所内には百人規模の受刑者が働く大きな工場が三つあり、そこでは衣服の縫製をはじめ、さまざまな生活用品の梱包、袋の製作、和服の仕立てなどが行われている。この仕事は受刑者たちの格安の労働賃金を利用したい所定の業者により材料が持ち込まれ、完成品として搬出されていく。

その際、工場に出入りする業者や、製品材料、食品の納入の車などをチェックするのが東北門勤務の主たる仕事だ。手順としてはまず小屋の電話が鳴り、担当課からどこどこの車が通る、という報告を受ける。しばらくすると鉄の扉の向こうでクラクションが鳴るので、視察口から相手を確かめ、ここではじめて扉を開けることになる。

ところがこの門、すこぶる重い。体力には自信のある私が目いっぱい押して、やっとゴロゴロと音をたてて動きだす始末。かよわい女性なら容易には開かないだろう。

「は……早く電動にしてくれー」

と、開門のたびにグチりながら、鉄の扉にぶら下がる。やっと全開。待機していたトラックがゆっくりと進入。小屋の前で一時停車するのが規則だ。私は教えられた通り、車の荷台の内部、車両の下など、丹念にチェックする。猫一匹侵入させてはならないのだ。

はじめてここへやってきた同乗者はすぐわかる。ニヤニヤとうす笑いを浮かべ、こちらの質問や車両のチェックを受けるのも実にうれしそうだ。女子刑務所への興味シンシンという魂胆が顔中にあふれている。コイツは今夜、一杯飲む先でこう言いふらすのだろう。

「オレ、今日、女の刑務所にはいったんだぜ」

ところがこれも最初のころの、ものめずらしいときだけで、毎日のこととなれば、彼らもいちいち入場のたびにチェックを受けるのはわずらわしくなってくる。ましてや受刑者はハラの突き出た口の悪いオバチャンばかりで、ちょっと影のある美貌の囚人には、なかなかめぐりあえないことがわかってくると、なおさらである。とはいうものの業者の技術指導者と受刑者との恋愛は、過去に何度かあったことらしいが……。

そういったことも午前中に数台車が通るだけで終わる。あとはほとんどやることがない。まわりには受刑者がせっせと世話をしている花壇の薔薇に、蝶々がヒラヒラとやってくるのみだ。春などうららかな日は、つい睡魔が襲ってくる。

日ごろ、ボーッとしているのがきらいな私にとって、ここに一日中いるのは何よりつらい。本でも読ませてくれるならと思うが、ここは見張りも兼ねるので禁じられている。何もすることがなく、ちょっと体操をしてみても、時計を見るとたった五分やそこらしかたっていない。三十分の交替まであと一時間以上もあるではないか。

工場が休憩時間に入ったらしく、数人の受刑者が遠くでバレーボールをして遊んでいるのか、楽しげな歓声がかすかに聞こえてくる。無邪気なもんだ。ね……眠い、退屈だ。時計の針は遅々として進まない。

――これが私のやりたかった仕事なのか。門番が要るなら、必要なときだけ連絡を受けて誰かが開けにいけばいいだろう。もっといいのはやっぱり電動で遠隔操作だ。保安課でスイッチひとつで開門できるようにするくらいわけないだろうが、このハイテク時代に。人員が足りないなら、もっと工夫しろってんだ。

ここで再び脳裏をかすめるのは、任侠道を極めたおじさんの言葉だ。

「お前さんには合わんよ、あんな仕事」

うー、後悔はいやだ。これは今だけのことで、すぐにカッコよく活躍できるにちがいない。私は矯正界のマザーテレサになるんだからね。

採用されて以来の緊張で疲れ気味のこともあり、すぐにもうろうとしてくる頭で考えるのは明日の勤務配置。また明日も、そしてまた次の日も東北門だったら……どうしよう。

靴持ち

受刑者の朝は早い。

毎日、六時三十分に起床する。洗顔をすませ、布団を片づけ、ザッと掃除をすませると全員が出入口に向かって正座をし、朝の点検を待つ。

「てんけーん！」

廊下にその日の点検者（看守部長と看守の二人組）の声が響く。点検は厳粛に受けねばならぬと決まっている。点検者の看守がドアを開け、

「第十七室！」

と声をかけると、受刑者たちは端から一斉に番号を言っていく。終わると看守が、

「以上八名、異状ありません！」

と看守部長に向かって報告し、ドアを閉めると同時に受刑者たちは全員声を揃えて、

「ありがとうございました！」

もしくは、

「おつかれさまでした！」

と、叫ぶ。この一連の動作をすべての部屋でくりかえし、点検は終わる。これは夕刻の作業後も行われる。それから、やっと朝食の準備に入る。

刑務所はさまざまな機能を持つ。正月であろうが、お盆であろうが一日も休むことはできない。必ず誰かがそこにいて管理していなければならない巨大なひとつの社会なのだ。受刑者たちは、高い塔を中心に放射線状に建てられた「舎房」と呼ばれる二階建ての施設の中で暮らしていた。当時で三百四十二人、行状や年数によって一級から四級の等級に分けられ、一人部屋の独居房と五人から十人ほどが同じ部屋に暮らす雑居房がある。

舎房での食事は、炊場が用意したものを配食当番が各部屋に持ち返り、テキパキと配膳をする。朝食はいたって質素で平日は味噌汁と麦の入った飯と漬物がつくくらいである。皆、黙々と、そして整然と食う。

受刑者たちは毎日働く。懲役刑を受けた者たちは、健康であれば仕事をしなければならない。仕事というものはありがたい。もしこれがなければ、刑務所暮らしは長く、つらいものとなるだろう。おまけにこれは有償だ。恐ろしく低い賃金だが（時給何円、何十円のレベルの話）、それでもないよりはまし。これらの積立は、作業賞与金という名前で出所時にいただける。

禁固刑の者はその義務はないが、手続きさえすれば仕事ができる。これを請願作業と呼ぶ。余暇を利用しての内職に励む者もいる。自己労作というが、この収入は本人のものとなる。

食事のあと七時半に出寮、第一から第三まである工場へと一列に並んで行進する。

刑務所内にはいろいろな作業所がある。工場ではさまざまな縫製、パッキング、袋の作製などが主で、あとは内外掃で営繕や清掃を担当する者、受刑者の食事をつくる炊場勤務、職員用食堂で食事をつくる者、洗濯工場で洗濯をする者、医務課で看護婦の役目をする者、美容室、図書室などいろいろな場所で受刑者はさまざまな仕事をしている。

数の多さから言えば、三つある工場で仕事につく者がほとんどで、各工場とも百名前後の女性たちが働いている。

工場に着くと、まずラジオ体操をし、それから昼食まで十五分の休憩をはさんで作業をする。昼食は各工場についている食堂で一斉にとり、休憩のあとは再び作業開始。再び十五分間の休憩をはさんで作業終了は四時半。その後、片付け、清掃をすませたあとは同じく食堂で夕食をとる。寮に帰るのは五時をまわってからだ。

こうして体の具合の悪くなった時は別として、日がな彼女たちは工場で暮らす。昼食時には食堂に備え付けられたテレビを楽しみ、休憩時には洗濯物を干したり、バレーボールなどをして過ごす。

工場では、冬、暖房のため閉め切っているせいか、戸を開けるとムッとした熱気とともに独特の匂いがただよってくる。

甘く、それでいて酸味のある、いわば乳臭い香りが強くする。これが女の匂いとでもいうものだろうか。とにかく化粧はしていないので生身の体臭であることはまちがいない。それともみんないっしょの石鹸を使っているせいかなとも思う。中に入ってしばらくすると慣れるのだが。

工場内にはそれぞれ担当のベテランの女性看守部長（とはいってもそんなに歳をとっているわけではない）がおり、そこに補助として一名、ときには二名看守がつけばいいほうである。ときどきオジサンがいるのは外部の業者で、技術を指導するだけの立場である。

かなりの数の受刑者をたった二、三人で牛耳るわけだから、おのずから工場担当である看守部長の眼光は厳しくなり、表情は険しくなる。ヘラヘラしていてはナメられてしまうからだ。

トイレひとつ自由に行かせない。何度もトイレに通う受刑者は必ず咎められる。実によく監視しているし、受刑者たちのやりそうな手抜きに精通しているのはさすがだ。こちらも女といえど、工場の担当にはやはりそれにふさわしい人材が登用されていると思う。受刑者たちも工場担当には一目おいているようだ。

その日、私は所内をいろいろ案内され、初犯の者が多く配置されている第一工場に入った。職員は必ずそこで靴を脱いで、スリッパに履き替えることになっている。私も靴を脱ぎ、工場の板の間の上を歩き出した。

はじめて見る看守である私に気がついた者はチラリ、と手を休めずにこちらに視線を送り、一瞥すると、すぐにまた頭を戻す。私が歩くに従って、その動きも波のように前へ前へと移動する。

ある者は私と目が合うと、ニヤリと笑う。累犯(二回以上罪を犯した者)の多い第二、第三工場などでは、上から下までジロジロと遠慮なくこちらを見つめる受刑者も多い。

とにかく、つねにたくさんの人間に見られる仕事だと思った。それに慣れ、逆ににらみ返し、必要とあらば叱責し返すくらいの度胸と根性がつくまでには、多少の資質とかなりの時間が必要なのだ。

しばらくして、私のあとを誰かがついてくる気配を感じて振り向くと、ひとりの歳のいった受刑者がついてきている。見ると靴を二足、大事そうに胸にかかえている。

えっ、待って待って、それ私の靴じゃないの、私は内心ギョッとしてしまった。

あの一足はまちがいなく私のものだ。反対側の出口から帰れるように持ってきてくれているのだろうか。私はかなり狼狽して案内の看守の顔をパッと見た。すると彼女は、

「いいのよ、やらしておけば」

と、さしてめずらしいことでもないように平然と言い捨てた。

そして反対側の出口まで来ると、その受刑者が床に丁寧に並べてくれた靴をサッサと履き、何も言わずに扉に向かって歩き出した。私の靴だけがそこにある。私もあわてて足を差し込んだ。


礼を言うべきか迷ったが、案内の職員はそれが当たり前のようにそのまま外に出ていってしまったので、私もそれに続いた。その受刑者は白い頭を深々と下げて私たちを見送ってくれた。思わず会釈を返しそうになるが、この場面ではふさわしくないようだ。

私はしばらく平静でいられなかった。いくら相手が受刑者といっても自分の靴まで運ばせていいのか。私は今後もああいう態度をとるべきなのか。高級旅館でもないところで人に自分の靴を持たせて歩くとき、たいてい平静ではいられないはずだと思うが、ちがうか。それも向こうが自分のおばあちゃんのような年寄りなのだから、なおさらではないか。

刑務官は、エラいのだ。二流代議士のように、大した人間でなくともエラそうにしていたほうがふさわしいのだ。けっして受刑者にナメられないよう、所内ではつっぱっている必要

があるのだ。塀の外でのように、人に声をかけられても決してニコニコと応対してはいけないのだ。面白いことが起きてもキャアキャアとはしゃいだりしてはいけないのだ。

そういう宿命にある仕事であることを、私はまったく認識できていなかった。ここでこの仕事を続けていくためには、話好きでノリのいい、おめでたいタイプの私には大幅なマインド・コントロールが必要のようだ。こりゃ困ったことになった。

ふうっ、とため息をついて第一工場をあとにした。刑務官への道は長くて険しい。おい、藤木よ、お前本当にやっていけるのかい。

初失態

この刑務所は、他の施設にくらべるとまだ町の中にあるほうだが、まわりに食堂やレストランの類は少ない。食べに出る時間がないこともあって、職員たちは弁当を持参するか、所内の食堂を利用する。

この職員用の食堂で調理をするのも受刑者である。他の労働者と同じように、朝から夕方まで、ふたりの受刑者が常時ここで職員のための食事づくりに精を出している。

受刑者が二名だけということもあり、ここ食堂勤務も比較的刑務官になりたての者が配置されやすい箇所と言える。

ここには大きな調理場の他に、職員のためのちょっとしたスナック類や、飲み物などを売るスペースがあり、広い食堂には古い陳列棚と透明のガラス製の冷蔵庫が備《そな》わっていた。

ここでもたくさんの調理道具の管理が大切な仕事のひとつである。食堂係が使う包丁や鋏の類は、木製の鍵付きの古びた箱に納められており、使用前、使用後のチェックをして担当職員が必ず判をおすのが習わしだった。

私が食堂勤務を命じられた朝、食堂係であるふたりの受刑者を連れ、食事の準備のため食堂に赴いた。その当時の食堂係は、ひとりはけっこう年配で五十代後半、もうずいぶん白髪があり、彼女が関東方面から来ていたことは話し方でわかった。もうひとりは四十半ばぐらい。やや九州なまりのある物言い、ぽっちゃりとした風体。ふたりとも白い割烹着に長靴、三角巾で身を包み、つねにニコニコと明るく人なつっこかった。

「せんせ、どこから来はったん、生まれは?」

彼女たちはよく私に話しかけ、そして笑った。

この仕事場はこぢんまりしているうえに、料理が仕事ということもあって、落ち着ける雰囲気だった。食事の予約のためにたまに職員が訪れる他は、誰も来ない。新米の私は恰好の話のタネだったうえ、三人きりの気楽さと、採用されて以来、親しく話せる友人もないことからつい緊張も緩み、こちらもいろいろと話してしまう。

その日の献立はカレーライスだった。午前中の暖かい日差しが大きな窓からさし込み、じゃがいもや人参を炊き込む大きな鍋からの湯気が調理場にたちこめる。

味付けについては、食堂担当職員の許可が要る。彼女たちは昼前になると、ちょっとお皿にカレールウをよそって私に差し出した。

「せんせ、これでいい? 味見してください」

「ちょっと薄いみたい。おしょうゆとって」

私がしょうゆをひと差しすると、二人は小皿のカレーをひとさし指ですくってぺろりとなめた。

「わあ、ほんまおいしくなった。さすが、せんせやねえ」

その言い方がもっともらしくて、ワッと三人で笑った。

それからひとりがこう言った。

「せんせ、おなかすいてるやろ。ちょっとご飯よそたげるわな。もう昼やし」

「え、でも、いいよいいよ。もうすぐ休憩やから」

私が一応断わると、彼女は片目をつぶって、

「ええやん、ええやん、せんせたちみんなやってることよ」

多少気兼ねしながらも、彼女のよそってくれたカレーをつついていると、ここが刑務所だということをすっかり忘れそうになる。とにかく私はひさびさに平和なひとときを過ごしていた。

彼女たちは明日の献立の仕込みに精を出していた。そのとき、私は彼女たちと話しすぎたせいか、カレーの味見のせいか、喉の渇きをおぼえた。時計を見ると交替までまだ一時間近くある。

私はガラス製の冷蔵庫に向かって歩くと、扉を開け、中から一本の冷えたオレンジジュースを取り出した。代金を所定の箱に入れると、栓を抜き——まったく何も考えずに——一気

に飲み干した。

翌日、朝の点検が終了すると同時に、私は保安課長に呼び出された。

課長の机の前に立っても、私はなんのことかといぶかっていた。

「あなた、昨日食堂についてたわね」

「はい」

「勤務時間中にジュースを飲んだって、本当?」

えっ、と言葉が出そうになった。まわりにいる他の保安課職員のクスクス笑う声が聞こえてくる。思いがけない言葉だった。

そんなにいけないことだったのか。ここでは仕事中にジュースを口にすることはいけないことなんだ。知らなかった。

「す……すみませんでした。以後、気をつけます」

「受刑者の前で、そんなことしちゃダメなの。いい? 刑務官はね……」

いつものハキハキとした口調で課長は何か言葉を続けていたが、もう耳に入らなかった。

私は彼女の赤い唇を見つめながら、初めての失態に身を硬くし、心臓の高鳴りだけを聞いていた。

そのとき私は彼女たちの存在を忘れていたのかもしれない。刑務所なんだから、普通の職場みたいに仕事中にコーヒーを飲むのと、同じに考えていてはいけないのだ。そんなこともわからなかったなんて、恥ずかしい。受刑者のふたりはどう思ったろう……。
いや――待てよ、いったい誰がこの事実を保安課に伝えたのだ。あのとき、たしか食堂には私と彼女たちふたりの計三人しかいなかった。すると、彼女たちが？　まさか、どちらもあんなに礼儀正しく、親切で優しかったのに……。

保安課長から解放された私はすぐに、「非常持ち出し」のシールが貼られたロッカーの扉を開いた。彼女たちについて調べてみようと思ったからだ。

このロッカーには「身分帳」がギッシリ詰まっている。そこにはこの刑務所に収容されている各受刑者の顔写真、生年月日、出生地、住所、生い立ちから家族関係、犯行から裁判、判決、収監にわたり、その受刑者の一切のデータが記されている。

この書類はいわば「パスポート」のようなもので、この記載を根拠に受刑者たちを拘束しているといってもいいほど重要なものだ。刑務所にとって、決して失ってはならない大切な書類、それが身分帳なのだ。

食堂係のふたりの身分帳を見つけ、取り出した。それぞれの罪名の欄には「窃盗・放火」、そしてもうひとりは「詐欺」と記してあった。やられた。

ボディチェックはいかが？

刑務官は一日のうちでしばしば、というより、かなり頻繁に身体検査を行う。いわゆるボディチェックというやつで、空港などで衣服の上から異物の所持を発見するために行われるアレだ。

「正しいボディチェックのやり方」を教わったことは一度もない。まだ刑務官になりたてのころ、受刑者が大量に仕事から戻ってきた際、私が保安課で所在なくボーッとしてると、

「ちょっと、手伝って」

と言われたのが最初である。

廊下に出て見ると、保安課の前に女たちが十数人、ズラリと並んで立っている。手にはそれぞれ衣類の入った洗面器をかかえている。見慣れぬ私が出てきたので、みんながジロリと私を見る。とにかくやらねば。

受刑者が仕事に出る前の出寮時、仕事から帰った後の入寮時に、そのつど保安課の前の廊下に並んで立たせ、ひとりひとりのからだと持ち物を調べなければならない。受刑者が多

く、職員が少ない場合など大変である。かなり長い時間を要するので、その間、ずっと彼女たちは立ちっぱなし。かまわず待たせておく。

数をこなすために先輩の見よう見まねで、なんとかやりはじめた。まず、頭から始める。髪の中にも手を（正確には指を）入れ、次に上着、胴まわり、ズボンと順に下りてゆく。履物、所持品はもちろんだ。「何もない」という気持ちで始めると実際何も出てこない。その受刑者に対して、あふれるほどの不信感を持って行うと何かしら出てくる、ということがだんだんわかってくる。

私自身、そう大したものを見つけたことはない。洗面器の中の石鹼入れの隅に押し込まれた小さな手紙がせいぜいであるが、先輩の中にはときに大物を掘り出した経験を持つ人もいる。そういう場合はあとで当人が罰則を受けるならわしになっている。いわゆる懲罰というやつで、段階別になっており、何日間か仕事に出られなくなるうえ、進級審査などにひびくと結局刑務所を出るのが遅くなる。

最後のひとりが終わるまで、彼女たちは一列に並んで直立している。話もしてはいけない。刑務官が彼女たちの頭をなでまわしたり、裏、表とからだじゅうをまさぐったり、しゃがみこんで所持品を指でかきわけて、不正を摘発しようと懸命になっている間、それらが終了するのを待つ受刑者たちの目は一様に冷ややかである。

私より背の高い、大柄な受刑者も多い。大木にたかる蜂のようにブンブンと、ああでもない、こうでもないと人のからだを調べる行為は、お互いあまりいい気分のものではない。その沈黙は重く、つねに私の検査の手を速める。情けないようであるが、人のからだを容赦なくさわる、それも疑心暗鬼のかたまりとなって違反を摘出するこの作業は、何度やっても好きになれず、また慣れることもなかった。

この他、受刑者の居室検査も定期的な仕事のひとつである。

それは彼女たちが仕事に出て、部屋が空の間にこっそり行われることが多い。仕事をしていない者の場合は、洗濯物を干しに出ている少しの時間にやり終えなければならないが、これはいつも時間が足りないことが多い。

洗いあげて固く絞った衣類を入れた洗面器を脇にかかえ、その部屋の住人が出ていくのを見届けると、すぐに入室し、白い手袋をはめ検査を始める。もちろん不正の摘発だ。

私たち刑務官はつねに白い手袋を携行している。作業の際には手にはめる。公式な行事など以外に、たくさんの部屋を鉄の鍵で開錠したり、居室検査の際の怪我防止だったり、もっぱら手の保護に活躍している。

独居房は畳二枚に板張り、洗面のコーナーもついており、水洗トイレはささやかな間仕切りで隠されている。通常、敷き布団一枚にマットレス、毛布は二枚、掛け布団が一枚のセットが備えられている。高い窓にはロマネスク紋様もどきの鉄格子がある。

本棚、衣類はもちろん、洗面用具の中、さらに布団の綿の中も何か違反品を隠していないか、両手をすべらせて調べる。ノートに書かれていることまでチェックしなければならないが、時間がないのであたふたと部屋中を飛び回ることになる。

そこへ洗濯物を干し終えたこの部屋の住人が、空の洗面器をぶらぶらさせ、ビニール製のピンク色のスリッパをペタペタさせて帰ってきた。あいにく自分の部屋は検査のまっさい中だ。コソドロよろしく、中で刑務官がガサガサやっている。一瞬、部屋に入ろうとする彼女と目が合う。向こうもアッと驚いている。しかし、このような場面ではこちらは居直るしかない。なるべく堂々と、そして威圧的にこう言うのだ。

「終わるまで、扉の横で待ちなさい！」

廊下にいるよう間髪を入れず指示を出す。彼女は一瞬ムッとした表情を浮かべるが、何も言わずにクルリと背を向け、ドア横の壁に向かって待機の姿勢をとる。

彼女たちは面と向かって、自分たちへの私たちの行為に抗議したりはしない。あからさまな態度で刑務官へ不満を表現するのは、不利なのを充分知っているからだ。

釈放を早めるための進級。それはここにいるすべての受刑者をおとなしく、従順にふるまわさせる印籠のようなもの。行状を良くし、心証を良くしておくことは、ここととサヨナラできる日を一日でも早く迎えることになるからだ。

とはいうものの、このような現場、つまり人の不在を見計らっての居室検査などにでくわすと、頭ではわかっていても、やはりムカつくのが人間だろう。

そして検査は終了し、私は手袋をはずしながら、部屋を出る。壁に向かって立ったままの彼女は、一瞬、チラッとこちらに視線を投げる。その中に精いっぱいの怒りや侮蔑の念を込めることで、なんとか刑務官にやり返そうとする。

それはとても小さな、消極的な反抗にすぎず、刑務官が察知し、にらみ返されたりでもすれば、すぐにあいまいな笑いへと変貌してしまうような卑屈なものなのだが、それでも彼女たちにとって唯一の感情表現なのだ。私が部屋を出て靴を履いている数秒の間も、やはり背中に「それ」を感じたが、私はいつも知らないふりをすることにしている。

やっと自分の部屋に入り、刑務官に扉を閉められた彼女は、バタン、バタンと、検査の痕跡を消すかのように、大きな音をたてて所持品の位置をもとに戻し、掃除を始める。とてもわざとらしく、まるでけがらわしいものがわが城に侵入したかのように。それもいつものことなのだ。

いいではないか、人間としての尊厳を傷つけられまいとするギリギリの行為ならば、許してあげれば。気のすむまで私を憎め。そして二度とこんなところに戻ってくるな。

はじめての夜勤

はじめて夜勤を経験する日は、意外と早くやってきた。

本来であれば、初等科研修なる刑務官としての正式教育を受けた者でなければ、夜勤は勤められないと聞いていたが、そのタテマエも人手不足という文字の前にはひれ伏すようだ。

そのうえ私は勤め始めてまだ日が浅い。いまだほとんどわけがわからないまま勤務表の自分の氏名の欄に、「夜勤」を表す「ヤ」の印を見つけたのは、まだまだ寒さの厳しい初春のことだった。

言われるままに泊まりの用意を携え、出勤。いつも通り勤務をこなすが、少しちがっているのは、その日泊まりの者は昼間の勤務を、比較的ラクな場所に配置していたように思えることだ。

夕方、四時になると、一度食事のために休憩時間が与えられる。その日、東北門勤務だった私は交替を終え、食堂に入った。

そこには五、六人の看守たち。彼女たちが今日いっしょに夜勤を勤めるグループのようだ。看守部長がふたり。あとの六人はヒラ看守。今夜この八人で夜勤をこなすのだ。

毎回、当直長がひとりつくことになっており、所長や部長、課長などのエライさんがこれに当たる。もちろん、部屋も別だし、これといった仕事があるわけではなく、「何かあったときのため」に一応泊まるわけだから、人によって勤務態度はかなりちがう。

保安課長がこの役の日は保安課の自分の机でずっと仕事をしている。直属の上司が夜通しいっしょだから、この日の夜勤は緊張感がある。たまにラッキーなときは、ふだん聞けない話をゆっくりしてもらえることもあったりする。

庶務課などのいわゆる「外」の管理職の場合は、塀の中の仕事に不慣れなこともあり、ターミナルである保安課にはちょっと座っている程度で、あとは当直室にこもって、あまり出てこない。エリートはほとんどお客さん感覚である。


ここへ来いとも言われぬが、やはり同じ夜勤者同士、同じ席につくのが筋だろうと、その日の夕食をのせた盆をみんなといっしょのテーブルへ運ぶ。午後四時過ぎ。まだそんなに腹は減っていないが、とにかく詰め込むしかない。

夜勤者は働く時間帯で二手に別れる。とれる睡眠時間により、それぞれのグループを「三」と「四」と呼ぶ。おおまかには真夜中まで働き、二時を境に交替後、朝六時まで睡眠をとる者と、深夜二時に起き出し朝まで働く者とで一夜が構成されるのだ。

私の初夜勤は後者の、よりハードなほう、つまり夜中に起床して朝まで働くグループだったと記憶している。新人がつくことが多い病棟勤務なのはしかたないが、はじめてなのにいきなり真夜中、それも舎房から遠く離れた病棟につかねばならないとはついてない。

病棟はこの広い刑務所の南東に位置する建物で、舎房からはかなり距離がある。深夜、星がまたたく夜空を見上げながら、テクテクと暗がりにたたずむ病棟に向かう足取りは、どうしても重くなる。これから何が始まるのだろう。不安がよぎる。

その原因の最大のものは、実は病棟に隣接している霊安室にある。

幸い？この内部に入る機会は最後まで与えられることはなかったが、表面をセメントで塗り固められた、棺ならひとつか、せいぜい二つを納めておけるほどの小さな建物だった。かなり堅牢そうだが、これももうずいぶん年数が経っているのだろう、長年風雨にさらされたその風体はいかにも陰鬱で、もの悲しげな表情からは、かつてこの刑務所内で息をひきとり、この中で数時間、もしくは数日を過ごしたであろう受刑者たちの、怨念のようなものがにじみ出ているようで、迫力満点であった。

夜風にゆれる寂しげな蛍光灯をつり下げた回廊を歩いて病棟に入ると、セメントを敷きつめただけの殺風景な廊下に、ポツンとひとつ置かれた事務机がある。この椅子に腰掛け、ヒョイと右に首を回しただけで、ほんの十メートル先の闇の中に、ひっそりと息をひそめる霊安室がイヤでも目に入る。

ここではさまざまな怪奇現象が目撃されたとのウワサも、夜勤の前には先輩方からちゃーんと聞かされている。ご親切にも仕事についての肝心なアドバイスはなくとも、こういうことだけはきっちり耳に入れておいてあげようという気配りがうかがえる。これがありがた迷惑でなくていったい何だろう。

高い天井からブラブラ揺れる二本きりの蛍光灯の下で、一時間半先の交替をジッと待ちつづける。見回るといっても、直線にして約二十メートルほどの病室の廊下を、行ったり来たりするだけ。その他には何もすることがない。


夜のとばりがすっかり降り、あたりは不気味なくらいシーンと静まりかえっている。この建物もかなり古い時代のものだ。老朽化が進み、窓枠はすべて木のまま。風が吹くといっせいにガラスが鳴きだす。チラと横を見る。霊安室は黒いシルエットとなり、やはり黙ってそこにたたずんでいる。

寒い、眠い、怖い。かなりの苦行だ。並の女性が泣いて帰ったとしても、誰がとがめることができるだろう。そのとき思い浮かんだのは、私と同じ日に採用された塚田さんの顔だ。ヤセっぽちの彼女も、明日はじめての夜勤と聞いた。大丈夫かな。こりゃちょっとたいへんや。

恐怖と睡魔が交互に襲ってくる。暖かそうな布団にもぐり込んで、スヤスヤとよく眠っている受刑者たちの顔を見ていると、何だか無性にハラが立ってくるので、なるべく見ないようにする。いったいどっちが犯罪者なんだ、え？　なんでこっちがこんな目に遭うんだ。家に帰って温かいお風呂に入って、私のベッドで眠りたいよお。

腕時計の針は遅々として進まない。なんともひどい商売やね、これは。そう思ったが、もう遅すぎる。朝までまだ四時間。ひたすら夜明けを待つのみだ。

昼間はたくさんの職員がいる刑務所だが、夜は夜勤を命じられたわずか八人の女で、ここを守らねばならない。三百四十二人の受刑者を、私たちだけで彼女たち自身の逃走はもちろん、逆に外部からの侵入者からも彼女たちを守らなければならないというのは、なかなか心細いことだ。

一度、私が夜勤で雑務という仕事についていたとき、真夜中に突然、保安課の電話のベルがジャーンと鳴った。こんな時間に外部から電話があるなんて、はじめてである。

私がとると何も声がしない。無言だ。ところがしばらく呼びかけていると、かすかな人の気配が感じとれる。たしかに誰かがそこにいる。

気味が悪い気持ちを抑えつつ応答を待っていると、しだいにその気配はハア、ハアという「あえぎ」へと変わった。それが何の吐息であるか、どういう目的でダイヤルを回したのか、だんだんわかってきた。

「なんなの」

そばにいた看守部長が声をかけた。私が黙って受話器を渡すと、彼女はそれをちょっと耳にあて、すぐに電話を切った。

「あるのよ、たまに」

それだけ言うと、彼女は何事もなかったように、また書きかけの書類に目を落とした。

女囚ばかりということに、特別な興味を示す男は多い。外部からのおかしないたずら騒ぎも、めずらしいことではないようだ。

夜中に働いているこっちの身にもなれよお、ばか。

化粧

外の世界で仕事をしていると、ふだん素顔の女性に出会うことは少ない。中には、決して他人様に素顔を見せようとしない強者《つわもの》がいる。それほど化粧と女性の絆は強い。とくに刑務所にいる女と水商売は縁が深い。ここに来る前は、毎夜厚化粧で夜の町を闊歩していた女は多いだろう。

ここに来て、ちょっと壮観だったのは受刑者のスッピン顔だ。当然予想されたことだったが、それを現実に見るとまた感慨深い。それも一度化粧をおぼえた肌は子どもとは違う。女なら顔色、肌のツヤ、眉の様子などで、以前は念入りに化粧を施していただろうと推測することができる。

成人女性のむきだしの顔が一堂にたくさん並んでいるのは、現代の日本ではちょっと見られない、刑務所ならではの光景といえる。しかもこの中におけるそれは、すがすがしく潔い生き方といった志向の結果や、無精からくる素顔ではなく、刑罰であり、受刑者という身分の象徴なのだから意味がちがう。

こんな話を聞いたことがある。拘置所から移送されて来た受刑者の入所検査の際のことだ。このときには、本格的に裸にして、からだに何か隠し持っていないかを調べねばならない。

おわかりだと思うが、女の場合、男よりひとつ隠せる場所が多い。これが曲者《くせもの》である。さすがにあからさまなことはできないので、床に描いた線をまたがせたりして摘発する。

これは、看守仲間に聞いた話だが、ある日、ひとりの受刑者がやはり異物を持ち込むべく、あるものをそこに隠し持っていた。

さて、その「あるもの」とは？　そう聞かれて返ってくる回答は、たいがい「タバコ」や「覚醒剤」などの中毒症状をひき起こす嗜好性のブツが多いのではないだろうか。しかし、それは男の発想かもしれない。

正解はなんと「マスカラ」である。これには私も驚いた。

彼女はきっと生まれてこのかた（子ども時代は別として）、マスカラなるものを手放したことがないのだろう。こうまでしても素顔をさらしたくない、という女ゴコロには凄《すさ》まじいものがある。私のようなズボラな女にとってこういう発想は、お見事というか、あっぱれというか、奇想天外という他はない。

しかし、ある意味では化粧も中毒性みたいなものと言える。これも習慣だ。そして本人の思い込みがほとんどだと私は思う。自分がやめようと思えばいつでもやめられる。それを阻むものは何もないのに。

まだ若いあるひとりの女は、二十歳そこそこ、ハリのある肌と、ピンク色の唇をしていた。耳たぶにはピアスの穴がふさがらないよう、いつも念入りに糸を結び付けてあった。長くツヤのある髪を編みこんだ首筋は、白く、可憐という言葉がふさわしかった。

標準語に近い言葉で、よく神戸で遊んだ思い出を語っていた。

「ねえ、せんせ、神戸でおいしいとこ教えたげよか」

これが彼女が最初に私にかけた言葉だった。

その容姿から察するに、こんなところへ来るような女性にはとうてい思えなかった私は、彼女の身分帳を開いてみた。その犯歴に「覚醒剤」という文字を見つけたが、彼女の清楚な素顔と、その文字は何かとても場違いな気がした。化粧をした彼女は想像もつかないほど変貌するのかもしれない。

ここを出ればきっと、その美しい顔に見事なメークアップを施し、流行りのコスチュームに身を包んで、その豊かな髪を揺らし、男のもとへ帰っていくのだろう、などとその小さく整った顔を見ながら私はぼんやり考えていた。

またある者は同様に若いものの、まったく対照的に思えた。規則正しい刑務所生活で、でつぷりと太ったその頬の間からは、覚醒剤で抜け落ちた歯の残骸が黒くのぞいていた。だが、きっと日常的に濃い化粧をしていたのであろう、眉は薄青く毛らしいものはほとんど残っておらず、過去の生活が顔中にシミやくすみとしてにじみでていた。

しかし、いずれも女性であることに変わりはない。このような場所に収容され、男性と会うことはめったにかなわない身になっても、化粧がもつ魔物のような魅力は、女たちをとらえてはなさないようだ。

彼女たちの中には、好奇心を抑えきれない女子中学生や高校生のようにこっそりと、ボールペンなどで目のまわりを縁取ったり、眉の輪郭を描いている者がいる。もちろんこれは見つかったら、お咎めもののれっきとした反則である。

「ちょっと、目、見せてごらんなさい」

そう言うと、伏目がちに、あわてていろいろな口実を並べたて疑惑を否定するのだが、そういうときの彼女たちは何だか憎めず、微笑《ほほえ》ましささえ感じる。何度か、彼女たちの顔をのぞきこみながら、そう声をかける場面があったが、実際に咎める気はさらさらなく、ちょっとからかってやれ、という遊び心からのことが多かった。

これまで好き勝手に生きてきた彼女たちにとっては、あれもこれも自由にならぬこと自体、苦痛であり、実は女にとっては化粧を許されないことこそが、最高の刑罰なのかもしれない。

ジュエリーボックスの記憶

化粧ができないとなれば、髪はどうだろう。毎日丹念に長い髪をきれいに編んでいる者もいれば、いつもボサボサの者もいる。刑務所の敷地内には受刑者が営む美容室があり、受刑者の整髪も彼女たちがする。彼女たちへの規則では、パーマは五ヵ月に一回、カットは三ヵ月に一回、それも希望者のみと決められている。

この美容室は一般のお客さんも利用できる。受刑者が刑務所内で技術指導を受け、出所後美容師となる実地訓練をここで積むのだ。値段がとびきり安く、職員はもちろん、近隣の人がよく訪れる。私も夜勤明けなどたまに利用させていただいた。ヘアカットはちょっと遠慮したが、「顔そり」を非番に受けると、すこぶる気持ちよいのだ。

まず、椅子に腰を掛けると背もたれをグーッと寝かせて仰向け状態にされる。そこに受刑者である美容師が熱い蒸しタオルを顔に。適度に潤った皮膚にシェービングフォームを塗り広げたあとは、ピッカリ光ったカミソリがのどもとに当てられる。この一瞬のスリルがたまらない。

私がこの受刑者に心ならずも何か恨まれるようなことをしていれば、一巻の終わりだ。まあたいていは何事もなく通過するのだが、こうなるとそこにあるのは信頼関係しかない。幸い施術《せじゅつ》は無事顔面マッサージへと移行し、私は毎回お顔ピカピカで家に帰ることができた。

たまの休日、月に一度は受刑者自身、顔そりをすることが許される。居室内でカミソリを貸与され、顔の産毛を剃るのだが、皆、実に熱心に取り組んでいるので感心したことがある。よく見てみると、眉の形に実に工夫をこらしている。これを整えただけでも化粧した時のような気分になれるのにちがいない。

そんな彼女たちはふだんグレーの世界で過ごしている。まず彼女たちの衣服がグレーなら、刑務所内も見事に色彩がない。看板やお店がないので、原色や、光るものを見ることがあまりない。唯一華《はな》やかになるのは春、色とりどりに花を咲かせる花壇の植物くらいのものだ。

衣類や寝具は貸与されるし、日用品であるタオルや石鹼、ちり紙などは定期的に支給されるほか、自分で申し出て購入することも可能だ。といっても銘柄などは一切選べない。下着なども形は皆同じ。デザインも色気もくそもない。誠に無味乾燥の世界である。

「高尾さん、ちょっと」

用があって声をかけ、書類を見ながら何かを説明する女性看守の顔を、ときに受刑者がボーッと見つめていることがある。赤い唇をみているのか、ほのかに香るおしろいか、それとも胸元にキラリとのぞく十八金のネックレスか。

これみよがしに目の前を行ったり来たりする、看守たちのささやかなお洒落の数々は、知ってか知らずか、囚われた女たちの郷愁の念を強烈にかき立てる。

指輪やネックレス、イヤリング、ピアスなど、キラキラと輝きを放つアクセサリー。シルバーやゴールド、場合によっては赤や緑の妖しげな宝石の色彩は、彼女たちを遠い過去の世界へ引き戻すのだろう。自分が暮らしていた街に渦巻くネオンや、好きな男に贈られたネックレス、丹念な化粧の仕上げにいつも開いたジュエリーボックス、スナックで水割りを置くたびに揺れたイヤリング……。

恋も涙も、ジュエリーにはたくさんの記憶がつまっている。そんな思い出いっぱいの宝石箱は、まだ主である彼女たちの帰りをどこかで待っているのだろうか。それともこの先は宝石とは無関係な、質素で地味な生活を始めるのだろうか。

それにしても、この和歌山刑務所の看守たちは強烈に化粧の濃い人が多かった。なんでここまで塗りまくる必要があるんや、と女である私ですら理解できなかった。この人、絶対に商売まちごうてるわ、とも思うことしきりだった。

制服は薄ぼけたグリーンだし、他に個性を出すところがないせいもあるかもしれないが、夜勤明けで素顔になると誰が誰だかわからず、実際に不便を感じた。同じ職員でさえそう思うのだから、受刑者たちも口には出さないものの、その落差の大きさにきっとあきれていたことだろう。

そんなこちらの思惑などさっぱり気にせず、看守たちの化粧はエスカレートする一方だった。カーラーで髪をしっかりと巻き、目のまわりはブルーのアイシャドーとマスカラでバッチリと縁取りし、仕上げにトワレを一発。赤いマニキュアで染められた指には二本、三本とリングを光らせて、今日も看守たちは女たちの前に立つ。洗いっぱなしの顔に薄くペラペラした灰色の囚人服を着て、ひっつめた髪を三角巾で覆って作業に励む女たちの前に。それはひどく得意気で、挑発的で、かつ残酷だ。

ほらほら、綺麗でしょ、いい匂いでしょ、うらやましいでしょう、口紅つけたいでしょ。くやしけりゃこんなとこもう来るんじゃないよ、と言わんばかりである。まあ、そういう意味では、これも看守たちの愛情と言えなくもないか。

裸身の悪女

看守たちが光り物と化粧を自慢するのと対照的に、受刑者たちから看守たちに、たったひとつ見せびらかすものがあるとすれば、それは刺青《いれずみ》かもしれない。

和歌山刑務所には受刑者用のお風呂がふたつある。ひとつは大浴場だ。普通のお風呂屋さんと同じくらいの規模と設備と考えてもらっていい。ただ、大きな浴槽がドンとあるのではなく、長細くて小ぶりの浴槽がいくつか洗い場にはさまっているのが少しちがっている。

入浴は通常週に二回。夏は入浴日以外の毎日、温水浴がある。入浴の日は入浴場から舎房の廊下まで椅子が一列に長く並べられる。受刑者たちが洗面器に石鹸とタオルを入れてひざに置き、髪を上げたり、まとめたりして椅子に座って順番を待つ姿は、風情があってなかなかいいものだ。

舎房にはもうひとつの入浴場がある。ここは独居者用で、中は三つに分かれており、互いに顔を合わさず同時に三人が入浴できるようになっている。しかし、看守からはちゃんと監視できるよう、放射線状に配置されている。あまり時間がかかったり、何度もからだを洗ったり、お湯を使いすぎていると注意しなければならない。

私が入浴勤務についた日、外は快晴だった。昼まぢかの高い日差しが舎房の風呂場の、これまた高い位置に設置された小さな窓から降り注ぎ、もうもうと立ち込める湯気と混じり合って、まるで映画の一シーンをみているようだ。私は湯気で制服が湿るのを気にしながら、中央に立っていた。

三人の女が同時に湯浴みをしている。私の目は、いつのまにかずっとひとりの女を追っていた。もう三十歳代にはなっているのだろうか、白く、まだハリのあるからだはやや肉付きがよく、それでいて均整がとれていた。

髪をまとめあげた細い首から背中、尻、裸体がシルエットになって、熱気と湿気が生き物のように動き、ときおり暗い陰から光のある場所へ女の肌が移動すると、そこに「絵」が現れる。その背中いっぱいに彫り込まれた観音様と左足の太ももに咲いたボタンの花には、何度も湯がザアザアと流れては、はじけて落ちた。

ひさびさの入浴に彼女は夢中になって肌を磨いている。まとめそびれた髪が濡れてうなじに張りつき、いっそう妖艶なムードをかき立てる。私はぼうっとただ見とれていた。

やがてこちらの視線に気づいたのか、足に終《しま》い湯を二、三度かけると、石鹸を箱に収め、タオルを絞り、洗面器にそれらをしまった。そして彼女はこちらを向いて突然すくっと立ち上がった。身長もある。あ、この顔。この女を私は知っている。彼女だったのか。

以前から整った顔だちをしていると思っていたが、からだもこんなに美しい女だったとは。そして、こんなに大胆な刺青を入れている女のようには見えなかった。

ピンク色の肌にそそくさと衣服をまとうと、洗面器をかかえて出口まで歩いてきた。そこに突っ立っている私の顔をチラと見て、彼女は笑みを浮かべ、一言こう声をかけた。

「ありがとうございました。いいお湯でした」

残り香というのだろうか、彼女の通りすぎた後には石鹸の香りがプンとした。

彼女は自分の美しさを充分に知っていた。観客はいつも私だけとは限らないのだろう、それに目をとられていた私のこともちゃんとわかっていた。イヤイヤこちらこそ、エエもん見せてもらいまして——思わずオジサン言葉が出そうになる。ふるいつきたくなるような、とはこういう女のことをいうのかもしれない。


彼女の生まれは九州。中学を出てすぐ関西にやってきた。ここに来る前は、大阪の新地で小さな店をやっていた。スナックだったかクラブだったか、なるほど所内のカラオケ大会で披露した唄も、素人《しろうと》とは思えないほどうまかったのはこのためか。きっと男関係も複雑を極めたのだろう、それがためにここへ来た経緯がある。

彼女は累犯である。これまでにも二度、入所したことのある常習犯だ。罪名は覚醒剤がらみや売春防止法違反だったりと、そのつど異なっていた。

今回は若い愛人と共謀して、夫に多額の保険金をかけ、殺人を試みたが失敗。未遂に終わったという事件を起したのだった。

深夜、自分の店のカウンターで暴力団の組員であったに夫に薬物入りの酒を飲ませ、酩酊状態にした。その後、愛人とともに男を車に乗せ、港へ搬送。そこで車ごと海に落下したように見せかけ、事故を装う手口だった。

結果、計画は失敗に終わった。男は命を取り留め、彼女は逮捕された。夫は今もなお入院中と聞いた。前科のあった共犯の愛人も現在収容されているが、いやはや大胆かつ非情なことをやってのける女である。


彼女の刑期もそう長くはない。この容姿の健在ぶりでは、塀の外に出たあとはまた華やかなりし、かつ危険な女にもどるであろうことは容易に想像がつく。

シャバでは、彼女の魅力に何人の男たちが道を誤ったことか、想像するだけでも何だか妖《あや》しい気持ちになってくる。もし私が男で、あんなムードで迫られたら、悪い女と知りつつ危険な罠にはまり込んでしまうかも……。

入浴は彼女にもうひとつの楽しみを与えているようだ。こうして見る者をとりこにしてしまう、という楽しみを。私は長いため息をひとつついた。

刺青《いれずみ》、見てください

忘れられないのが、刑務所のお正月である。私はよりによって元旦に勤務で、しかも雑務に配置された。雑務は忙しいうえに責任重大である。

なんと言っても、お正月は年賀状がやってくる。受刑者は数百名。彼女たち一人に十枚来たとしても数千枚。その仕分けと配達という作業が、ふだんの仕事のうえに追加されるのだからたまったものではない。

とにかく各居室ごとに分ける。憶えている人はいいが、私は誰がどの部屋か、よく把握できていなかったので、時間がかかることおびただしい。おまけに冬、雑務の係りにつくと、刑所内のあちこちに置かれた看守用の石油ストーブの灯油の補充に忙しい。なんといっても刑務所の冬は寒い。うっかり切らせてしまおうものなら、たいへんなことになる。これもひと仕事である。

やっと仕分けを終えたら次は配達だ。ん？　舎房に行ってみれば、なんとまあ、優雅なお正月風景。受刑者たちはみな、着物を着ておせち料理を食っているではないか。雑煮まである。いたれりつくせりではないか（これには賛否両論あるらしいので、この辺にしておく）。

やっと各部屋に年賀状を届けると、

「いやあ、せんせ、遅いやんかっ、年賀状。楽しみにしてんねんからね、私ら！」

とまあ、ありがとうより先に出る文句。くそお、言いたい放題言いやがってえ。えーっと次はどこや。これでは今日中に配り終えることは不可能だ、どうしよう。

ふだん嫌われている私がひーひー言ってても、手をさしのべてくれる看守はいない。絶望的や。ええい、ままよ。

情けない顔で、夕方になっても私がちんたら配りつづけていると、やっと保安課の良識ある先輩が気づいて、声をかけてくれた（ほんとに今まで気づかなかったのー？）。

「あらまあ、そんなにたくさん一人でやってたの？　だめじゃない、言ってくれればいいのに。さあ、みんなで配りましょう」

かくして年賀状は看守たちに分配され、あっという間に配り終えられた。古株の命令にはさからえんようだな。あ〜どうなることかと思った。お正月は恐怖である。

雑務についた日が休日前の場合は、早朝、トラックがやってくるため、開錠してそれを迎え入れるのも仕事のひとつとなる。パンの製造業者が休日の朝、受刑者たちが食べるパンを大量に納入してくるのだ。まだ暗い早朝に、できたてのパンが並べられたケースが次々と所内に積み上げられる。空腹の身にその匂いのかぐわしいこと。週に一度のパン食にはミルクやジャムがつく。彼女たちのうれしそうな顔が目に浮かぶ。

受刑者たちの居室がある舎房に掲げられている黒板には、その当日と翌日分の食事のおかずが書かれている。

夕刻の点検を終え、掃除や洗濯を済ませたあとの六時以降は自由時間となる。この時間帯はなんとなくなごやかで、舎房に活気が出る。受刑者たちはお茶やお花、書道などのクラブ活動にいそしむ。また、義務教育を学習したい人たち向けには、看守たちが教師となっての学科教育も受けられるため、教材をかかえた人たちがあっちへこっちへ行き来する。

それも九時の就寝時間が近づくと、クラブ活動や学習を終えた受刑者たちが、三々五々居室に帰ってくる。時おり黒板の前に立ち止まり、翌日の食事のメニューにジッと見入っている姿を見かけることがある。食事は彼女たちにとって大事な楽しみのひとつである。

その三百人余りの受刑者の期待を、一身に担って食事づくりを一手に引き受けている炊《すい》場《ば》。ここでは、まさに肝っ玉母さんもどきのオバサンがたくさん働いている。なにせ、つくらねばならない食事の数が多いため、台所というよりも、ひとつの工場のような規模と設備を備えている。

胸から床まであるゴム製のエプロンをつけ、三角巾、白い長靴を履き、体格も威勢もよく、たくましい腕、ふっくら頬で力強く食事のしたくをする。彼女たちはよく笑い、よく働き、にぎやかだ。まさしく炊場は給食のおばちゃんを彷彿させる、愉快さと天真爛漫さに満ちている。

ただ、やはり刑務所であるゆえんは、砂糖や米、小麦粉などの食材は、別倉庫に鍵をつけて保管されており、これらが必要な際は、いちいち看守に許可を得て、開錠してもらわねばならないことだ。

その彼女たちの多くも刺青を施している。大声でたわいないおしゃべりに花を咲かせながら衣服を着替えるとき、胸のすきまから、下着の横から、チラチラと「絵」が見える。わざと見せているのか、たまたまか、おそらくその両方かもしれないが、とにかく仕事中、まったく普通のオバサンとして、おかずをかきまわしている彼女たちのたくましい腕や肩に、色とりどりの刺青を見つけたりすると、やはりちょっとギョッとさせられる。素顔でにこやかにご飯づくりにいそしむ彼女たちが、犯罪を犯した者であることを再確認させられる瞬間でもある。

ある日、工場で働いていた受刑者が舎房に戻り、居室で着替えているとき、たまたま廊下にいた私と目が合った。工場ではふだんひょうきんに振舞っている彼女の表情と少しちがう。その時、下着姿の彼女の肩から背にかけて筋彫《すじぼ》りを見つけた。いつもの彼女は冗談ばかり言って、人を笑わせている三枚目なキャラクターなだけに、少し意外な気がした。

彼女はそんな私の視線を意識してか、ゆっくりと上着を肩にかけると、私に向かってフフッと微笑んだ。私が刺青を見て、驚いているとでも思ったのだろうか。

しかし、私にはほんの少し刺青に対しては知識がある。小さな組を構えていた前述の「おっちゃん」のおかげだ。

いわゆる「筋彫り」といって、絵の輪郭のみで留まっている者に対して、私は思わずニヤリとさせられる。製作途上で捕《つか》まったか、お金が続かなかったか、はたまた痛くて途中で音をあげたか、そのいずれかと相場は決まっているからだ。筋彫りの人が絵を隠したがるゆえんである。

いずれの場合も、見られているとわかったときに、恥ずかしそうにする者もいれば、誇らしげにわざとゆっくりと時間をかけて見せつける者、と反応はさまざま。

私は各人のその際の態度が、それぞれのその後の人生を、そのまま映し出しているように思う。「この絵に特別な意味はない」と、平常心で対応できるようになるほど、彼女たちの生き方が大きく変わるのは至難のことなのだ。

お利口な女囚たち

おおむね女は男とちがって冒険を好まないようだ。ひたすら現実あるのみである。おかげで看守と受刑者、両者の間はいたって良好。女子施設の中の現実は緊張感など、ほとんどないに等しい。

それにには進級制度がおおいに関係しているという一面もある。

受刑者は通常、一級から四級までに区別されていて、誰でも四級からスタートする。成績がよければ、刑期に応じて少しずつ級があがって行く。最後は一級になって出所する。

これらは分類課や保安課などが中心となって、累進準備会、累進審査会などを経て決定される。懲罰などの対象になれば、当然進級に影響する。すなわち出所が遅れるということだ。二級以上になれば鍵のかからない個室に入れたり、テレビ番組の選択権も増える。

テレビといえば、彼女たちは刑事ものが好きだ。一度、受刑者たちが「太陽に吼えろ！」という人気番組を見ていて、

「そや！　そこや行け、逃がすな、つかまえてまえ！」

「そんな悪いヤツは撃《う》て撃て！」

などとエキサイトして叫んでいるのを見て、苦笑いしてしまったことがある。ここをどこだと思っているんだろう。そして自分たちは、まさしくかつて手錠をかけられた、囚われた女たちであるのに。

一度、同僚からこんな話を耳にした。

鉄道を使って受刑者の移送中、こともあろうに、看守とはぐれてしまった女子受刑者がいたらしい。いや、受刑者を見失った看守というべきか。その後、受刑者はずいぶん苦労して自力で移送先の刑務所までたどり着いたそうだ。今では笑い話だが、これは大事件である。移送中はよく事件が起こる。前述の話はまれなケースだが、身分帳の入った紙袋の紛失などはよく聞いたことがある。私の知る看守もこれをやってしまった当事者となったことがある。

紛失に気づき、青くなって三人で（看守ふたりと受刑者ひとりの計三人）、必死に駅のホームのトイレに戻ったりして捜したが見つからず、憔悴しきって刑務所に帰り着いたところ、先に紙袋が届いていたそうだ。運よく善人に拾われたらしい。

身分帳がどれほど受刑者にとって重要かは、刑務所での保管のしかたからもわかる。収容している受刑者全員の身分帳の入ったいくつかのキャビネットには、赤で大きく「非常持ち出し」と貼り紙がしてある。もし火事などの災害が発生した場合は、何より先にこれを外に避難させ、安全を確保しなければならないという意味だ。

これはいわば身分を明らかにするパスポートのようなもので、その者の氏名、住所や経歴、前科、判決内容などすべての記載があり、ここにその者を捕らえておく理由を明らかにした唯一の証拠といえる。

万一これを紛失すれば、施設側はその受刑者を捕らえておく根拠がなくなってしまう、それほど大切な書類なのだ。それを彼女たち受刑者はよく知っている。

過去、刑務所内で看守殺害など、陰惨な事件を繰返してきた男と違って、女たちはバカをしない。なるだけいい子にして、つらくても与えられた仕事をきちんとこなし、一日でも早くここから出ることを目標にしている。

刑務所といえば、よく「脱走」がつきもののように思われる。もちろん、男子刑務所では過去にさまざまな逃亡の例があるが、女子刑務所についてはいたって平和なものである。

所内の仕事はいろいろあるが、中でも「内外掃」は平たく言えば、掃除の専門班だ。時期によって人数に増減はあるが、八人から十人くらいで刑務所の中や外をきれいにしてまわる。それもただの清掃のみではなく、彼女たちは土、雑草の類は徹底的に整備する知識と技、道具の使い方を習得している。

スコップ、クワ、カマ、レーキなどの農作業用具をはじめ、大工道具にいたるまで、作業道具は立派なものが、整然と小屋の定位置に納まっている。雨の日はサビおとしや目立てなど、きまって道具の手入れを行うため、いつもピカピカの状態である。

都会育ちのうえ、年寄りに縁がなかったモノ知らずの私は、彼女たちが多様なツールを駆使して、荒れ地や廃屋を見事によみがえらせていくプロセスを、興味深く見ていたものだ。この道具はこうやって使うのか、こうして畑やウネがつくられるのか、などと子どものように感心ばかりしていた。

もちろん新入りで、こうした清掃や農作業の知識のない受刑者だって、内外掃に配置される。古顔に手ほどきを受けながらの見習い修業となるが、技術より体力がつくまでにとにかく時間がかかる。彼女たちの仕事がいかにつらいかは、新入りがすぐ音をあげることでよくわかる。

夏の猛暑でギラつく太陽の下、地面にはいつくばって何時間も土をにらんだまんま、ひたすら広大な敷地の草を刈ることもザラだ。看守であるこちらは、そのかたわらでボーッと立っているだけなのだが、それでもアスファルトの照り返しで、吐き気をもよおすほど暑い。

受刑者が並みのからだのうちは、何度も具合を悪くして何日も仕事を休む。そんなくりかえしをして、ようやく徐々に慣れていく。何ヵ月もたつとからだが作業をおぼえ、内外掃用の立派なからだができあがる。

最古参の良子が部屋で着替えをしているところを一度見かけたことがあるが、小さなからだながら肩、腕、背中にはがっちりと筋肉がつき、日焼けで黒々とツヤを帯びていた。女ながら完璧に肉体労働者の肢体ができあがっている。こうなるまでに何年かかったのだろう。

この内外掃の塀の外での作業には、いつもふたりほどの刑務官がつく。場合によっては三人になることもあるが、数ではいつも圧倒的に受刑者たちのほうが勝《まさ》っている。はじめのころ、国道沿いの清掃中などに——もし彼女たち全員が、一斉にてんでんばらばらな方向に走り出したら、もうどうしようもない。毎日外で仕事をしてるから足も速いだろうし、せいぜい年のいったのをひとりつかまえられたらいいほうか——などと私はよく想像したものだ。

だが、予想に反して実際は誰も逃げない。たわむれに一度、そのわけを彼女たちにたずねてみたことがある。畑仕事のあと、リヤカーに道具を乗せ、たしか十数人いたと思うが、他の看守が鍵を取りにいっている間、私ひとりが受刑者たちを連れて東北門の外でボーッと待っていたときだ。

「今やったら、完全に逃げられるねえ」

私が水を向けると、良子はニヤリとし、フンと鼻で笑った。

「何言うてんのよ、せんせ。そんなこと誰もするかいな。せっかくここまで辛抱してきたんやもん。アタシかてもうちょっとで出られるんや。そんなアホなことだーれもせーへんわ。

残念でした」

みんなもニヤニヤとうなずいている。右に同じというわけか。けっこうお利口さんばかりやね。

所内に入る門が開いた。彼女たちは手に手にスコップやほうきなどの作業道具をかかえ、またある者は黙々とリヤカーの後部を押し、全員が刑務所の敷地内に入ると、こちらが指示もしないのに二、三人がヨイショ、ヨイショと協力して、ガーンと大きな音をたてて重い鉄の扉を閉めた。そのあとそこに錠前を引っかけ、ガチンと施錠し、こう言った。

「せんせ、お待たせ。さ、行こか」

どうぞ、お逃げください

看守はつねに鍵をつけて働いている。

体から離れないように、ズボンやベルトにしっかりと頑丈なヒモで結び付けている。この鉄でできた単純な形の鍵は、刑務所内に入るための扉はもちろん、舎房の受刑者たちの部屋の鍵も兼ねている。すなわちこの鍵はすべて共通になっているため、一日に何度もこの鍵をポケットから引っ張り出しては、また突っ込む。それを繰り返す。

時々、この鍵を使っての開錠訓練がある。朝一番に舎房に招集された看守たちは、それぞれ順に二人ずつ、「ヨーイドン!」で、廊下の両側に並んだ独居房の扉の開錠の早さを競うのだ。

若い看守たちは体の動きが機敏だし、部屋と部屋への移動が早い。当然、勝つのは若い者だと思いがちだ。

ところが、である。いつも勝つのはベテラン看守だった。歳をとってる分、移動もゆっくりだし、さして必死になってもいないのに、なぜか勝つ。おそらくは開錠が的確なのだろう。動きに無駄がなく、また、めったに開け損《そこ》ねがない。数十枚並んだ扉のひとつひとつを確実に開錠し、ドアを開いていく。そして最後には、力んだ若い看守より先に、すべての扉を開け終わっている。これが年輪というものなのかなあと、訓練ではいつも感心する私だった。

そうかと思えば、看守の中には、化粧の濃い者が少なくないと先に書いた。

当初、なぜそんなに塗りたくるのだろうと不審に思っていたが、勤務を重ねるうちに徐々に理解できるようになった。「化粧」は、そこで働く者と囚われている者の間に一線を画す、明確な壁だったのだ。

さらには、こんな仕事はお化粧でもしなきゃやってられっか、というのもあるかもしれない。今日もまた暗いところへご出勤だ、景気づけに一発、今朝はパープルのマスカラで行っかあ、なんてね。

その一方で、まったく見てくれにかまわない看守がいた。

全国に四百人あまりいる女子刑務官は、結婚すると退職するケースが多い。だが、出会いの少ない刑務所づとめで、一生独身で過ごす女性は約八割にも上《のぼ》るともいわれている。それはそれで大変な問題なのではないだろうか。

中には共働きで、子どもを保育所に預けてがんばる女性や、ぎりぎりまで働いて、産休をとって出産する女性もいるにはいたが、激務ゆえ、なんとなく肩身が狭くなるのは避けられない。やはり主力は独身女性ということになる。

河合さんはそんな中でも相当ユニークな存在だった。遠目にみるとまるでオジサンだった。独身で、定年まぢかの看守、彼女は完全に開き直っていた。

あと二年で定年で、その働きぶりはほとんど傍若無人、怖いものなしだった。ここで勤めあげた年数とはうらはらに、やることなすこと底の抜けたバケツだった。

反面、彼女は自分に過失があってもまったく意に介さず、相手の抗議を無視するか、またはヒステリックな声で対抗するか、もしくは自分を年寄り扱いして号泣するのだった。それゆえ心の中では誰もが彼女を小バカにし、できるだけかかわりあいになりたくないと思っていた。

毎朝、勤務表を覗き込むとき、私は無意識に、しかしいつも、河合さんのその日の持ち場を見た。ときおり不幸にも同じ配置であるのがわかると、いっぺんに気分は落ち込み、その日一日は、なるべく無口で、神経のずぶとい、傷つかない少女のようにふるまうことに決めていた。

「あんた、遅いな、もっとはよ交替に来んかいな！」

息を切らせて交替場所に行くと、河合さんが目をつりあげて待っている。交替時に向こう

が報告すべき合言葉、

「三十八名、異状ありません」

より先に文句が出る。

投げ捨てるように鍵を私に渡すと、引き継ぎ事項の報告もせず、「近ごろの若いもんは」とブツブツ言いながら、休憩のため保安課のある方向に歩いていった。

見ると、受刑者たちが薄笑いを浮かべてこちらを見ている。いつものことだ。こっちもニヤリと笑い返す。受刑者の中には、

「せんせもたいへんやなあ、あのオバハンとうまいことやらなアカンのやから」

と気の毒がってくれる者もいた。

彼女のその日の気分は誰にも計りしれなかった。安定というものをまったく知らず、ささいなことでいきなり怒りだしたかと思うと、恐ろしくほがらかで、何にだって、

「かまへん、かまへん」

と満面に笑顔をたたえるときもあった。その移行は突然起こるので、看守はもちろん、受刑者の中にも河合さんを恐れ、なるべくかかわり合いを避けようとする者も多かった。

夜勤が明けた。その朝は私が開錠、つまり受刑者たちの部屋の鍵をひとつずつ開けてまわる番だった。

起床の合図がなり、点検前にいつもどおり、舎房の端から各部屋のカギ穴に鉄製の単純な形をした鍵を突っ込み、回すと同時にノブをひっぱった。するとガチッと音がして、鍵は開かない。あれ、開けたはずなのに今施錠してしまったのか。これは、鍵が開錠のままであったことを意味していた。へんだ、前夜に舎房担当がすべての部屋を施錠しているはずなのに。次のドアも、その隣のドアも、鍵はかかっていなかった。

こりゃ大変なことだ。数百人の受刑者がいる刑務所の部屋の鍵が、全部かかっていなかった、それも一晩中。その夜、夜勤についていた職員はたったの八人だった。何も起こらなかったからよかったものの……。

さっそく保安課は、前夜の夜勤者の中で、すべての部屋に施錠を行うべきであった職員をつきとめた。河合さんだった。

不思議なことに、私の知る限りでは、河合さんは何のお咎めも受けなかった。

事の重大さにかかわらず、その朝の出来事はそれを知るわずかな看守の間で、永久に闇に葬られたようだった。その証拠に、いつも誰かのミスや怠慢についてのウワサで持ちきりの待機室で、一度もその話を持ち出す者はいなかった。

もし、これが外部に知られでもしたら、そのときの看守長(施設長、企業でいえば支店長のようなもの）にまで責任は及んだはずだ。それほど事態は深刻だった——はずだ。

その朝、誰もが何もなかったかのように、黙々といつものルーティン業務をこなしていた。誰も何も話さない。不思議と静かな朝だった。私はだんだんムカムカしてきた。

何で問題にしないんだ、なぜ追及しないんだ、やっかいな看守だからもういいわ、ってことか。なら、責任能力がない人間にこんな仕事をさせてていいのか。

それとも事の大きさに、騒げば上の上まで話が行ってしまって、責任が自分たちみんなにも及ぶのが怖いのか。じゃあ、もし、これをやったのが河合さんでなければ、どうなっていたんだ、もし、私だったら……え？

看守は正しくイジメましょう

ある看守は、受刑者に「お守《も》り」されていた。制服を着ているのは彼女だが、よしよしとあやしたり、辛抱したりしているのは受刑者のほうだった。

歳は四十前後、自分が女優の誰かに似ていることを少し鼻にかけていて、髪形もそれに似せていた。それでいて、その女優のイメージとはうらはらに勝気で、気にいらないことがあると、あたりかまわず甲高い声でわめきちらす。

そんなとき、受刑者の誰かが通りがかりにタイミングよく、

「せんせ、今日はまた特別きれいやな」

と声をかけると、とたんに頬が赤くなり、口もとがだらしなくゆるむ。きわめておだてにのりやすかった。受刑者のほうが一枚も二枚も上手だった。

ある看守は醜く太り、受刑者に媚びていた。

ある看守は恐ろしく威圧的で、受刑者はおろか看守仲間からも恐れられていた。

ある者は両者から完全にバカにされていた。

中堅看守の中には、男性との出会いが少ないゆえに、職場の数少ない既婚男性職員との不倫に走る者もいた。彼女は毎朝カーラーでしっかりと髪を巻き、マッチ棒が乗るほどのマスカラで、目のまわりを縁取ることにとりわけご熱心だった。

採用されたばかりの若手の看守たちは四国出身。四国には職場が少なく、高校卒業後すぐに勤めたのがここだった。揃ってあどけない顔と声をした、まだほんの子どもだった。

そんな彼女たちが可愛らしい声で受刑者に、

「戸田さん、お話ししないで仕事してください」

と声をかけると、皆ニヤニヤと目尻を下げて、

「はーい、せんせえ」

と、ほとんど本気にしていない。たしかに受刑者の歳によっては孫のような先生だった。

それでも看守の中の何人かは、毅然とした、公平で魅力的な仕事ぶりの者もいて、彼女たちは受刑者から慕われていたが、それは恐ろしく少数派と言わねばなるまい。

とにかくバランスのとれた看守が少なかったのだ。こんな人間たちに仕切られる受刑者のほうが、かわいそうだと同情することはたびたびあった。

刑務所に勤めていると、自分自身がよほど気をつけない限り、視野や世間が狭くなる。その世界しか知らない人間になる。海千、山千の人間に「先生、先生」とおだてられているう

ちに情熱や向上心などが失われ、人に対する思いやりや配慮、謙虚さが姿を消し、そのぶん横柄になったり、感情的になったり、ひどくバランスを崩していくというのは、先輩たちがいい見本だった。

「先生」と人に呼ばれる人間は、よほど注意して自己を戒めなければ、知らず知らず人間としての平衡感覚をなくしていくものだ。刑務官生活で、私がもっとも危惧したのはこの点ではなかったか。

もと教師、という人間に限ってバランスがとれていないうえ、権威主義であり体制主義のかたまりであるのはめずらしくない。おまけになぜかコンプレックスも、人一倍強かったりするから皮肉なものである。

長年勤めている者の中では、新人に一種のみそぎのようなものを課すことを自分の役目と信じているベテランもいた。谷本部長がそうだった。私は彼女の恰好のターゲットだった。

夜勤を始めて間もないころ、舎房についていた私は、夜の九時、最終の当番を終え、待機室に戻った。これからしばらく休憩後、仮眠をとり、二時に交替することになっていた。

私は当時黒の革靴をはいて勤務していた。それも本物の牛革のショートブーツタイプのものが昔から好きで、よく愛用していた。温かく、この仕事にもピッタリだと思っていた。

待機室にもどると、その日同じ夜勤グループになっていた谷本部長がいた。私が部屋に入ると、まわりにいた若い看守がパッと散った。その後はそこにいる誰もが、なんとなくソワソワして、私と目を合わせない。イヤな予感がした。

その時だった。いきなり谷本部長が私に向かって口を開いた。

「あんたな、靴、うるさいで。なに考えとるんや、気いつけんかいな！」

無表情な顔と対照的に、ドスの利《き》いた、迫力のある声だった。細い目の奥には不気味な光。こうして何十年と、受刑者を怒鳴りつけ、震えあがらせてきたのだろう。その声には年期がかかっていた。他の者は皆黙っていたが、決して同情的というふうではなく、暗黙の了解があるようだった。


大勢の職員の前で恫喝《どうかつ》され、ドギマギしている私をそっちのけで、すぐにその日の夜食であるヤキソバの準備の打ち合わせが始まった。野菜を切り出す者、フライパンに油を注ぐ者、誰かが犠牲者になったあとは気のせいか、皆ウキウキしているようにも見える。谷本部長はまだ何か吠えつづけていた。

間もなく、ジャーという具を炒める音とともに、プーンといい匂いが部屋中に広がった。その間も谷本部長はこちらを見据えたまま。わたしは身を硬くして立ちすくんでいるほかはなかった。するとと誰かが谷本部長に声をかけた。

「部長できましたよ。食べましょ、ヤキソバ」

皆がワイワイと皿を並べ、箸を分けあい、夜食が始まった。すると部長の関心はすぐにそちらに移った。彼女は一口、ヤキソバをほおばると、無表情にこう言った。

「おいしいで。誰がつくったんや」

「渡辺さん！」

「あんたか、いつでも嫁に行けるで」

「イヤーッ、ほんまですか部長、ありがとうございます！」

ありがちなことだが、こういうとき人は余計にはしゃいだりするものだ。今夜一晩、夜勤をともに勤めあげる者同士、皆で仲良くソバをわけあう光景が、私の目の前で繰り広げられていた。ズズーッとすすりあげる音、油とソースの混じった匂い。

よく笑い、よく食べている。私ひとりを除いては。私の分ははじめから用意されていなかったし、その部屋にいた者の誰ひとりとして私に「食べないか」と声をかける者はいない。

ほんの十畳ほどの部屋で、自分以外の者は全員食事をしているなか、たったひとり何をするでもなく所在なくそこに居つづけることの気まずさ。

そして、そういう立場にいる者をわざと無視し、誰もそこにいないかのように、今日犠牲者にならなかった者たちだけで一斉にメシを食らう神経。子ども顔負けの大人げなさだった。これはイジメのつもりだろうか。

いたたまれずにわたしはロッカー室へ飛び込んだ。用もないので皆の食事がすむまで、わずか五十センチほどのロッカーとロッカーの間のすき間に、座り込んで待つことにした。暗いロッカー室で、皆の笑い声を聞きながら、イジメられるとはこういう気分かと考えた。

食べる物で人をいじめることだけは、してはいけないと教えられたことがある。食べ物を使って相手をこらしめたりすることは、恥ずべき行為だと子どものころ誰かに聞いた。そうでなくとも人前で自分だけが食べるという行為の気まずさを感じたことは、誰もがあるはずだ。

こんなレベルのイジメを臆面もなくやってのける連中と同じ仲間だと思うと、自分自身が情けなかった。そしてこんなところに長く勤めるべきではない、という思いだけがひしひしと押し寄せた。

ワケあり看守、豹変す

私と同じ日に採用された人は塚田さんといった。

拝命後、数日の研修中に本を読まされたとき、彼女は正確に、スピーディーに音読をこなしたのが印象的だった。関西では名の通った私大を出ているという。

カーリーヘアに、ダブダブの制服、とにかくヤセっぽち。丸いフチどりのメガネの奥で、寂しそうに微笑む女性だった。悪いが彼女の敬礼姿は何度見てもコミカルとしかいいようがなかった。

当時二十八歳と聞いていたが、彼女には女の子がひとりいた。夫は一度も見たことがなく、離婚したばかりらしかった。ワケありふうだったが、刑務所内では四面楚歌状態の私にとって、彼女は唯一心を許して話せる貴重な存在だった。

官舎で家が隣同士となった私たちは、なにかにつけ行動を共にした。彼女の家で子どもの相手をしながら、コタツでくつろぐひとときが私は好きだった。自分の夫ともいろいろとモメ事の絶えなかった私は、他人の家のほうが心安らぐというヘンなところがあった。

塚田さんは一風変わった食生活習慣をもっていた。徹底した自然食派。そのころはまだ専門に販売する店は少なく、車で二十分も走らなければ、それらを手に入れることは困難だった。塚田さんは車を持っていなかったため、私の車はしょっちゅう自然食品の店に通うハメになった。

弱々しくてヤセっぽちの新人の一風変わった偏食を、やはりまわりは快く思わないようだった。待機室でタンポポ・ティーに湯を注ぎ、玄米のおにぎりをほおばる塚田さんに投げかけられる周囲のうさんくさそうな視線。しょっちゅう本ばかり読んで、あまりみんなと話さない私といい、今年の新人はきらわれもののコンビというわけだ。

「なあ、聞いた？　塚田さんのこと」

朝の更衣室で私はネクタイをしめながら、ふと塚田さんの名前を耳にした。若手の看守たちの会話がドア一枚隔てた待機室から聞こえてくる。

「あのコ、昨日の夜勤中に勝手に上がってきて、主任に『胃が痛いから帰らせてくれ』言うたらしいで」

「なんやのーそれ、ふざけんのもええかげんにせなあかんわ。ここどこや思てんの」

「そうやろ。何考えてるんやろ、ほんまヘンな奴やで」

「どこ、ついてたん」

「病棟」

心配は的中。のどもとがギュッとちぢむ。一足ちがいで一日早く夜勤を経験した私には、塚田さんの事態が即座に把握できた。やはり彼女は、あの真夜中の病棟勤務を耐え抜けなかったのだ。同時にそれも当たり前だとも感じた。

季節はずれの拝命以来、地方から子連れの引っ越し、連日の慣れぬ勤務に不親切な看守たちとの心労重なる夜勤。彼女が疲れから体調を崩したとしても何の不思議はなかった。真夜中、細いからだを折り曲げて突然の胃の痛みに苦しみ、房を空にすることは禁じられているとは知りながらも、交替の者を待ちきれずに、暗闇の中を保安課までフラフラと歩いた塚田さんを思うと、私の胸はキリリと痛んだ。

正直なところ、はじめて見たときから彼女は現場の刑務官には向いていないと、私は思っていた。少なくとも、体力勝負、気力勝負の保安課では、彼女は落ちこぼれ的な存在にしかなりえなかった。体力だけは自信のある私は、いつも彼女を気にかける役割でいた。

ところが、そんな塚田さんの私に対する態度は、いつしか変化を見せはじめていた。以前、舎房や保安課で会うたび見せてくれた控えめな笑顔には、いつのまにか出会えなくなってしまっていた。

彼女はこの刑務官という世界で生きていこうという決心がついたようだった。強烈な上昇志向を見せはじめたのだ。それは彼女が私より一足先に三ヵ月の初等科研修を受け、再びこの刑務所に戻ってきたとき、決定的になっていた。

刑務所内で、勤務中にすれちがっても私に一瞥もくれないほど仕事に熱中していた。手にした書類をくいいるように見つめていることがあった。それは受刑者の処遇についての資料だったりした。

また、夜勤の間はずっと赤い六法全書をかたわらに置き、監獄法、刑事訴訟法の勉強にいそしんでいる彼女の姿を見かけた。彼女が保安課脱出を計画していることは容易にわかった。そして昇進試験を受け、出世コースにのるべく努力しはじめていたことも。

塚田さんは「分類課」への配置換えを願い出ていた。分類課には心理学専攻の専門職技官も多い。保安という肉体作業より、分類課で受刑者の資質鑑別や、分類判定、累進処遇、仮釈放の審査にいたるまでの、いわば知的作業につくことで自分の能力を生かせることに気づいたのだろう。

彼女の勤務態度が以前に比べて、がらりと変わったことは、誰の目にも明らかだった。相変わらずヒョロリとしていたが、収容者を見つめる目には、はっきりと厳しさが出ており、彼女らへかける言葉も、すべて命令口調になっていた。

しかし、刑務官としてこれは喜んであげるべき変化なのだ。ともかく塚田さんはがんばりはじめたのだから。私はそう理解しようとした。

ある受刑者がそんな彼女を見て、

「なんや塚田せんせ、変わりよったなあ」

ポツリとつぶやいた。それを聞いた古顔はこう答えた。

「研修行ったら、みんな変わるで」

そして、

「しばらくやけどな」

古顔はニヤリとして、作業を続けた。そのうちまた、ダレてくるのさ、と言いたげだった。


塚田さんの変貌ぶりとはうらはらに、私といえば、拝命して数ヵ月が経とうとしているにもかかわらず、その勤務ぶりははかばかしくなかった。この仕事に対する疑問が、やる気のなさと他人の目には映ったかもしれない。

おまけに空手の練習は、夜勤明けであれ何であれ容赦なく行われる。夜勤明けには施設内にある剣道場でひとり練習し、休日には県のスポーツセンターでトレーニングに励んだ。

ここには、野球選手やレスリング選手も練習のために来ていた。女子用サウナでは、何度も何度も神経質に体重計に乗る体操選手の姿をよく見かけた。みんな国体選手、全日本選手級だった。誰もがもうスポーツを楽しんではいなかった。これで就職している人もいる。半ば生活のために運動をやっている人々、と言えなくもなかった。

「あ、美奈子さんだよね。どう、調子は」

スポーツセンターで汗を流したあと、駐車場で見知らぬ中年の男に声をかけられた。私がいぶかっているのも意に介さず、彼はどんどん話しつづける。

「国体、次はやっぱり優勝ねらうんでしょう。前回は三位だっけ？　自信はどれくらいあんの？」

「失礼ですけど、あなたはどなたですか」

しばらくは車のキーを握り締めたまま、そのうち知れるであろう相手の正体を確かめるべく言葉に耳を傾けていたが、ずうずうしい物言いに業を煮やした私はこう尋ねた。

「ああ、そっか、失礼。こういうもんです」

見ると、地元の新聞社の記者だった。田舎町ゆえ、こうした場面が少なくなかった。いつも誰かに見られているような気がした。

ある日、左肩の調子を悪くした。すると勝手に病院には行くな、と国体関係の本部から連絡が入った。医者は指定するからそこへ行け、という。指示された病院へ行くと、私のためにブロック注射が用意されていた。

試合を目前に控えているので、時間のかかる治療はできない、これが一番効果的だ、と、医師同士が、当事者には目もくれずに話し合っていた。彼らで話がまとまると、ベッドに横たわっていた私の、のど元の皮膚に注射針が突き刺された。これで左上半身の筋肉が弛緩し、肩の血行がよくなり、神経系統が正常になることで痛みがとれるという。

しかし、顔面の半分の神経もマヒするとは聞いていなかった。ベッドから起きあがり、鏡を見て、ギョッとした。眼が真っ赤に充血し、口もとがだらしなく垂れていた。その後しばらく車の運転もできず、タクシーで家に帰り着いたが、いささかショックであった。たかが国体になぜここまでするのかと、ひとり部屋で考えこんだ。「ぎゃあ」と叫んで、何もかも放り出したい気分にかられた。

その他にも全日本の選考会、世界大会の東京での合宿、と私生活は多忙を極めていた。

そしてそれらに出席するためには職場で夜勤のやり溜めをしなければならない。とにかく疲れていた私は、毎日勤務が明けると飛ぶようにして家に戻っていた。やり残したことをチェックする余裕も、気力もなく、ただ漫然と最低限やらねばならないことだけを、申し訳程度にこなしていた。決してほめられた勤務ぶりでないのは、この自分が一番よくわかっていた。

だが、私はまだ自分の人生をコントロールする知恵を持っていなかった。山積みとなった課題をどうすれば軽減できるのかわからず、ただ、黙々と毎日の日課をこなすためにだけ生きていた。

せんせ、きらわれてるで

看守になって一年経ったころ、同期の塚田さんと私は、ひさびさに勤務場所が同じになった。外部の病院での泊まりがけの仕事である。

そのころ肝臓を悪くした受刑者の尾崎さんが、刑務所の近くの病院に入院しており、毎日そこへ看守が二人一組で配置されていた。勤務表を見たとき、私はちょっとウキウキした。塚田さんとはいろいろと話したいことがあった。

その夜、病室のベッドで尾崎さんが寝入ったころ、とりあえず塚田さんと私は交替で睡眠をとることにした。まずは私が先に起きていることになった。

深夜になり、眠気に抵抗して起きていた私は急に空腹を感じはじめ、持参してきた鞄からリンゴをひとつ、ふたりを起こさないよう、取り出した。

私がそっとリンゴをかじりはじめたとき、補助ベッドに横になっていた塚田さんが、突然ガバッとはね起き、低い、しかしヒステリックな口調でこう怒鳴った。

「なにやってんのよっ、うるさいわね！　外でやってよ！」

暗がりで私をにらみつける塚田さんの激しい調子に、私は少なからずショックを受けた。しかし、すぐさまこれは何かの誤解で、きっと私がとても悪いことをしたからにちがいない、と考えようとした。

廊下に出るためドアを開ける際、チラッと尾崎さんに目をやると、寝息をたてていた。ふたりのやりとりには気づかなかったようで、ホッとした。

ある日の午後、私は病棟の仕事についていた。

病室のひとつに、あの尾崎さんが、退院して再び戻っていた。私が部屋の前を通りかかると、病気で黒ずみ、膨《ふく》れた顔で彼女は弱々しく微笑んだ。

「せんせ、病院ではありがとね」

「だいぶようなったんやね、よかったわ」

「まあちょっとはね。でも、このおなかはどうしようもないみたいやわ」

危機は脱したものの肝臓の具合は相変わらずのようで、床に伏せた尾崎さんは張りつめた大きな腹をなでながら、こちらに向けて上半身を起こした。

「せんせ、あのな」

「なに？」

尾崎さんは意を決したように真顔で私の目をじっとみつめ、こうつづけた。

「せんせな、塚田せんせといっしょにここへ入りはったんやな」

「そうよ。同期生やね」

「うまいことといってんの」

「うーん、このごろ忙しいみたいやから、あんまり話してへんなあ。前はよくいっしょにどっか行ったりしたんやけど——なんで？」

「あのな」

「うん」

言いにくそうに言葉を選ぶ尾崎さんが、何を言わんとしているのか、次の言葉を聞くまで私はさっぱりわからずにいた。

「塚田せんせな、あの人、せんせのことキライやで」

思いがけない言葉だった。内心ギクリとした。

「え、……なんで？　なんでそんなことわかるの？」

「こんなこと、言うてええんかどうかわからへんけど、あの人な、せんせのことメチャクチャ言うてるんやで。ここで」

「…………」

私は何と答えてよいのかわからず、一瞬言葉を失った。尾崎さんはちょっと早口で声高になった。

「あのとき、病院でも――わかったやろ。あの人せんせのことものすごうきろてるねんで」

私の頬は完全にひきつっていたが、なんとかまだ平静を保つべく、笑顔をつくろうと努力を重ねていた。それがうまくいっていることを願った。

「へえー、なんでかなあ」

私は意味もなく両腕をグルグルまわし、わざと明るめに、いくぶん大きな声でこう言った。彼女がつられて微笑んでくれることを祈ったが、期待は裏切られた。この話ももう止めにしたかったが、彼女のほうには、その気がないようだった。彼女の顔はど真剣だった。

「さあ知らん。そやけど――とにかく。せんせな、あんまりわかってないみたいやから言うとく」

思ってもみない忠告だったものの、思い当たる節は山ほどあった。

しかし職員間の悪口を受刑者に話すなんて、あまりに立場をわきまえない、常識はずれの行いではないか。

私はすでに充分にショックを受けていたのに、尾崎さんはさらに言葉を続けた。私の頬はいっそう引きつりがひどくなったように感じた。

「せんせはあんまり、そういうことわからん人やからな。私の娘によう似てるわ、おめでたい性格がな」

尾崎さんはもと窃盗の常習犯だった。とくに車上狙いを専門とし、他人の車にねらいをつけては、金品を奪うことを全国各地で繰返していた。けっこう稼いでいたらしく、それで生計を立てていたと言う。一度は私にこう豪語もしていた。

「先生、そんな暮らしを始めたが最後、もう時給六百円や七百円の普通のパートタイマーになんかアホらしくてもどれますかいな」

そして不謹慎だが、ここを出たらまたやります、とも。

皮肉にも、窃盗を生業に育て上げた彼女の一人娘は、生真面目でやさしい性格、人にだまされてばかりだったようだ。それが今でも心配の種なのだと以前話していたことがある。私と彼女の娘は年齢だけでなく、どこか似たところがあるのかもしれない。それがこの一銭にもならない忠告を彼女に決意させたのだろう。

「そう、ありがとう。一応聞いとくわねえ、尾崎さん」

そういって私は立ち去るそぶりを見せ、無理やり話に区切りをつけようとしたが、彼女の表情は崩れなかった。

「気いつけや。誰でもハラにいちもつ持っとるでな」

受刑者の言葉を百パーセントうのみにしてはいけないと言われていた。しかし尾崎さんはその後、塀の中ではとうてい知りえない私についてのさまざまな事柄について話した。私が夜に、家の前の空き地で練習をしていること。なぜかそれが塚田さんには、とてもがまんならないらしいこと――誰かが受刑者に私について、あれこれ話しているのは事実だった。

また、尾崎さんは日ごろベラベラとウワサ話に花を咲かせる受刑者たちとは少しちがい、寡黙なほうだった。彼女の言葉がすべてウソであるとは考えにくいことだった。

私と接するたびにイラつく表情を見せていた塚田さん。何が彼女の気持ちを変えたのか理解できないが、私の中にある何かが、彼女の何かを刺激したのだろう。

たったひとりの同期生にも嫌われていた。それだけがはっきりしていた。

同僚とのケンカ（正確には一方的なけぎらいだが）など、めずらしいことではない、と思われるかもしれないが、気分は最悪だった。それほどそのときの私は四面楚歌、まわりのすべてが敵のような状態だったのだ。

家では相変わらず、空手の先輩である夫は不機嫌だった。結婚してこのかた、いつ怒りだすともわからない短気な男との同居に、私はおびえ、神経がすり減っていた。

空手も、もはや趣味というよりはつねに勝つことを要求される戦士となっていた。町を歩けば、突然、見知らぬ人に次の試合についてぶしつけな質問をされ、道場の関係者は誰もが結果のみに関心を寄せた。二位や三位ではガッカリされた。

職場の管理職たちにとっては、よく休みをとるけしからん看守だった。同僚には、空手だか何だかしらないけど、なによ、あの子だけちやほやされて、と総スカンをくらっていた。そして、たったひとりの同期生は、受刑者に私の悪口を並べ立てているらしい。

まったく素晴らしい気分だった。

それから数日後、尾崎さんの容体ははかばかしくなく、急遽八王子の医療刑務所に移送されることが決定した。

保安課でそれを耳にした私は、お別れを言うため、休憩時間に病棟へと急いだ。

私の姿を認めると彼女は床に臥せったまま荒い息づかいで、こう言った。

「せんせ、世話になったな」

そして何度も、

「気いつけや」

と、黄疸で変色した目に弱々しい笑みを浮かべた。

彼女は今もどこかの医療施設で生きているのだろうか。それとも……。

おクスリ大好き

尾崎さんがいなくなった病棟には、まだ二十人近い病人がいた。

病棟といえども、刑務所であることには変わりがない。ここは七つほどの独居（ひとり部屋）と二つの雑居部屋で構成されている。人数は増えたり減ったりで一定はしていない。鉄格子などはなく、一見ふつうの木造校舎ふう建物である。

各部屋の扉は自由に開閉できないが、窓は受刑者が自分で開け閉めすることができる。看守は二棟ある病棟のうちのひとつに、ひとりいるのみだから、逃げようと思えばいとも簡単。女子刑務所は本当に、のどかで平和である。

ここでのおもな勤務は、ひがな受刑者との雑談（すみません）と記録、そして欠かせないのが投薬である。たくさんの薬をひとりずつ飲ませる。大人なのだから、「はいどうぞ、はいこれ」と言って、配ってしまえばすむんじゃないか、と思われるかもしれないが、塀の中の女たちにとって薬は特別の意味をもつ。こちらも格別の注意を払わねばならない。

受刑者の多くは覚醒剤とのかかわりでここに来ている。使用した者より、売買にかかわった者のほうが総じて刑は重い。幻覚などの禁断症状、覚醒剤使用によるさまざまな後遺症は、すでに拘置所ですませているものの、薬への恋しさは依然として健在である。薬なら本当はなんだって飲みたいらしく、とくに風邪薬、アスピリンの類ならもっといいという。

大ぶりのブリキ缶に入った大量の薬をひとり分ずつ、処方に従って分けていく。一つの散薬の袋に、その他の錠剤を全部入れ、一度に飲み干せるようセットする。

食後、ひと部屋ずつ回ってひとりひとりにまちがいなく、指示通りに服用させるためには、口の中のチェックが必要だ。飲みおわった者には、アーンと口を開けさせ、本当に飲んだことをこちらにアピールさせねばならない。

ところがやっかいなのは、このお口アーンでは、本当に飲んだかどうかがわからないことだ。しばし彼女たちは舌下に薬をしのばせ、アーンとやって看守をごまかし、直後に吐き出しては、どこかにこっそり溜め込んでおく。それをくりかえして数十錠となったときに一気に飲み込む。通常の十倍近くを服用するわけだから、そうとう効く。頭がボヨヨーンとなって、すこぶるいい気持ちになるそうだ。

その「覚醒剤ごっこ」をやらないまでも、長年の悲しい習性で薬なしでは落ち着かない、何かからだに入れないと安心できない、そんな人は多い。

梅毒の女もいる。独居房でいつも床に臥せっていた。薬を渡そうと声をかけたときだけムックリと起きる。それを飲み干すと、また何も言わずに縞柄の布団にもぐりこむ。無知だった私は、薬を手渡す際に少しばかり指が触れ合っただけなのだが胸がドキドキした。こちらから話しかけたことも、話しかけられた記憶もない。

ある雨の降る日、私は彼女の部屋の前を通りかかった。その時、彼女はひとりからだを拭いていた。彼女の背中には無数のできものがあり、それは全身に広がっていた。身分帳によると、現在重い梅毒患者である彼女の前職は「売春」。発病するまで毎日何人もの客をとっていたという。そのお相手たちは今どこでいかがなさっているのだろう。

病棟の一番奥の部屋にいた西さんも、忘れられない人のひとりだ。彼女は私と同じ、いのしし年生まれ、誕生日まで同じ七月十日だったことから親しく話しあう仲になった。

彼女は、当時六十歳を超えていたが、頭が良く、姐御肌で、繊細な神経の持ち主であることがすぐにわかった。やせた小さな体、穏やかなその物言いからは想像もできないが、若い時から関西のとある組のおかみさんをやっていたという。

彼女の刑期は長い。初めてのムショ暮らしではないが、今度は生きている間に出られるかどうかわからなかった。組間の抗争でずいぶん手荒なことをやった結果だから自業自得、と彼女は笑う。

「もう夫も死んだしな、子どももおらんし、かまへんねん」

かなりからだを悪くしていたようだがとても気丈で、部屋をいつもきれいに整頓し、毎朝点検前にはちゃんと起きて、洗顔をすませ、長い髪を結わえ、きちんと正座してその時を待っている人だった。

西さんは新米の私を何かと気づかってくれていた。

お恥ずかしい話だが、初めての病棟勤務のときは、いったいいつ何をすればよいのやらわからず、西さんにしょっちゅう段取りを教えてもらっていた。

さらに冬の夜勤の時など、西さんの部屋はちょうど看守用の事務机のななめ前だったことから、ついストーブの椅子の前でうとうとしてしまったときや、上司の見回り、先輩が交替に来たときなど、よく西さんはタイミングよく声をかけてくれたものだ。

「せんせ、あぶないで」

とか、

「来はったで、せんせ起きや」

という具合である。当時私は二十歳を超えたところ。娘よりはるか若いであろう私の新米ドタバタ勤務ぶりが、見ていられなかったのだろう。

ある時期、私は伯母の形見の、少しおおぶりの指輪をしていたときがあった。西さんと話している最中、彼女が私の指のそれをジッと見つめているのに気がついた。一瞬、時が止まったような表情。昔を懐かしんでいるような遠い眼差しだ。私の話は耳に入っていないようだ。

「西さん？」

声をかけられ、彼女はハッと我にかえった。

「せんせにな、その指輪似おてへんで」

心を見透かされた子供のようにそう言い捨てると、西さんはクルリと小さな背中を向け、布団にはいったっきり、もう何も話すことはなかった。

彼女はまだ生きていれば今、七十半ばを過ぎているはず。どこでどうしているのだろう。なぜ私の指輪が似合っていない、なんて言ったのか、今では知るすべもない。

ただ今、研修中

拝命して二、三ヵ月経ったころだったか、唐突に「初等科研修へ行け」と命じられた。場所は大阪府堺市、大阪刑務所の近くに研修所がある。期間は約三ヵ月、もちろん泊まり込みだ。

亭主はいても子供のない私としては身軽なもの。もちろん研修中も給与は出るし、研修所にいる間は夜勤をしなくていい、そして何より夫と顔を合わさずにすむ。それはとてもうれしいことだった。

このとき、和歌山刑務所からいっしょに研修に行ったのは、私と、私の次に拝命した四人の計五人。私以外は全員独身、おまけにとっても若い。四国出身のウブな子たちばかりだった。数ヵ月先輩の私が、しっかりしなければならない立場にあった。

研修所に到着すると、部屋へ案内された。なかなかこぎれいな建物の二階が女子、三、四階が男子に割り当てられていた。ふたり部屋で、別の施設から来た者同士を組み合わせるのが原則だった。私のルームメイトは秋津さん。京都少年鑑別所の庶務から来た、年上のおとなしい感じの人だった。

女子は全部で十六人。既婚者は私と、同室の秋津さん、そして神戸少年鑑別所の速水さんの三人。とくに秋津さんは娘もひとりいて、つれあいによくよく頼んではきたものの、やはり気になるようだった。

速水さんは細身にショートヘアがよく似合う知的な感じの年上の女性で、少年の矯正にかかわるこの教官という仕事を愛していた。彼女の部屋からは毎朝、レギュラーコーヒーをドリップする香りが漂ってきた。私たちはタイプはちがっていたが、三人とも既婚者ということで、よく行動を共にすることが多かった。

研修所の朝は早い。六時起床、急いで身の回りを整え、毎朝ランニング。大阪刑務所の高く、長い塀の周りを走る。若い男子が多いため、走るスピードも速く、私はともかく、秋津さんと速水さんには、うれしくない日課だった。

体操をこなしたあとは、また急いで着替えだ。ストッキングをつけ、カッターシャツにネクタイをしめ、革靴を履き、帽子をかぶり、その日の勉強用の本やノートをかかえ、中庭へ飛び出す。

整列、敬礼、三品《さんぴん》検査。

「六十五名、異状なし！」

と、上司に報告したあとは勉強のため、決められた部屋へ入って着席。その後、昼までえんえんと監獄法や少年法、行政法などもっぱら法律の講義を受ける。

昼食は寮のおじさん、おばさんが作ってくれるが、お世辞にもおいしいとは言えない。ギョーザ、シューマイ、オムレツ、何でも油で揚げてあるのには閉口する。食欲旺盛な若い者はいいとしても、自称グルメの秋津さん、速水さんはやはりここでもうかない顔となる。

カリキュラムは法律の勉強だけではない。護身術の習得、射撃の練習、さまざまな矯正施設の見学、ソフトボール大会など行事が目白押し。秋津さん、速水さんにとって苦痛の日々が続く。

ひとつ言わせてもらえば、ここで学ぶ護身術など、実際には何の役にも立たないだろうと思われるようなものだった。看守たちに武術の習得を真剣にさせたいのであれば、もっともっと修練が必要だ。拳の作り方からやらねば、これでは相手を打ちのめしたくとも、当たれば自分の手を骨折するなど先に傷《いた》めるのがオチだ。十三歳から空手をやっている私には、護身術は退屈だし、うそっぽかった。

射撃も一度しか経験させてもらえない。ほとんど的に当たらず、自信を失っただけだった。つまりはいずれにしても、看守に対し、真剣に自分を守れるほどのスキルを身につけさせようという、気概もプログラムもないようにしか感じられなかった。

だが、実際、男子刑務所などではこれまでに看守がよく命を落としている。受刑者による攻撃である。危険手当なるものも少しはついていたが、それでも当時給与は手取りで十四万円ほどだった。警官のように警棒すら持っていない。ピストルを持っているわけでもない。看守は丸腰である。

いざという時に笛を吹く程度しかできないとは、なんと安い命であることよ。イザとなれば、死ねということだ。毎日受刑者と過ごす私たちの命を守っているのは、他でもない、受刑者たちの理性と、なるたけ穏便に過ごして一日でも早くここを出たいという彼女たちの計算なのである。

研修プログラムには、たくさんの施設の見学が組み込まれていた。私たちは集団であちこちへ移動した。

とくに少年院の類は交通の便の悪いところが多い。それはこれらの施設が少年（少女もこう呼ばれる）たちの教育を兼ね、野外活動、おもに農作業を組み入れているためでもある。また、あまり人の目にさらしても何だし、なるべく土地の値段が安く、広い敷地を確保するとなれば、どうしても田舎になる。したがって施設の内外を問わず、長時間歩かされることはめずらしくなかった。

ある日も、目的の施設に向かって炎天下、かなりの距離を歩くはめになった。大人になると、あまり強い日差しの下で過ごすことがないから、すこぶる具合が悪い。暑い、喉が渇く、しんどい。強制的に歩かされる体験は子供のとき以来である。皆黙々と歩くが、表情はいたって暗い。

並んで歩いている速水さんが、ジットリと額にまとわりつく髪をかきあげながら、ひとり言のように小さくつぶやいた。

「……神戸に帰りたい」

誰に言うともなく、彼女の顔は正面を向いていた。私は返事をしようかどうか迷った。

「神戸の私の家に帰って、シャワーを浴びて、寒いほどクーラーを効かせた部屋で、お気に入りの籐の椅子に座って、冷たいビールを飲みたいわ。『孫子』もまだ読みかけだし……」

「ん……」

小さく同意はしたものの、私の声は彼女の耳に届いていたかどうか。速水さんはほとんど夢の中にいるようだった。彼女の細い肩に重い荷物がくい込んでいた。

体力派の看守たちはいいが、研究や分析がしたくてこの道を選んだ技官たちも、同じ研修で鍛える必要があるのだろうか。私たちこそ収監されている身のような気がする。はるかに続くアスファルトの道路には、かげろうが揺らめいていた。

涙の行進

これまで自由に生活していた、いい大人相手に、このような軍隊めいた人権無視の研修が二ヵ月もつづくと、誰しもだんだんストレスがたまってくる。

男子たちはもちろん夜の町でしょっちゅうハメをはずしていた。ケンカや、酔った勢いで、刑務官の名刺を飲み屋で配って歩いて、あとで大問題になったアホもいた。

女子の中にも夜の自由時間に酔っ払って、廊下で泣き出したり、わめいたりしてちょっとした騒動になる者もいた。

それでも朝になれば、全員きちんとマラソンをし、そのあと制服に着替えて点呼を受けていたのは、なかなか感心なことだった。まだ職を失うには早すぎる、といったところか。授業になれば二日酔いを抑えて六法全書を開く毎日だった。

時には先輩教師の思い出話が退屈な研修生活を紛《まぎ》らわせてくれた。元拘置所に配置されていた看守だったその教師は、死刑執行に立ち会った朝の思い出を語ってくれた。

自室の前までお迎えに来た看守たちに両腕を支えられながらも、朗々と唄をうたった受刑者の話は今でも印象深い。その声が長い廊下に響き渡り、彼は堂々と逝ったという。

その時、教師は私たちにその唄をうたってくれた。歌詞は忘れたが、昭和の初期に流行《はや》った有名な曲だった。目を閉じ、ゆっくりと歌詞を口ずさむその間、彼にとって私たちの存在はまるで無いかのごとく、自分の世界にひたっているように見えた。きっと当時を思い出していたのだろう。

また歴代、どの法務大臣も、自分の任期中はなかなか死刑執行に判を押さないため、死刑を言い渡された受刑者たちは長々と、時には何年も、その日を待ちつづけねばならないこと、そして死刑執行の電気椅子のボタンはいくつかに分かれていて、数人で同時に押すようにして、誰のボタンが直結していたか、わからなくしている工夫、しかもその作業にはわずかな「特別手当」が支払われるが、その金は誰もがその夜、呑み屋でぱあっと散財してしまうことなど、生々しい死刑執行の現場の話を聞かせてくれた。

ひとりの人間の命を奪う「死刑」という刑罰は、そこで働くそれぞれの看守の心にも、相当の負担を強いているのだと私は知った。

ある日、近畿管区長がおでましになるということで、初等科研修生による演習を披露することになった。

一糸乱れぬ団体演習には何十時間という練習が必要だ。そこで毎日のように訓練が繰り広げられ、ここでも我々は（どうも研修所の話を書きはじめると、一人称さえ硬くなるのはどういうわけか）、体力勝負、根性と忍耐を美とする教練に埋没することを余儀なくされた。速水さんは、ますます食が細くなっていた。

演習当日はあいにくの雨。秋の気配ながら、この日の気温は低く、最悪のコンディションの中、予定通り演習は繰り広げられた。

合図とともにさまざまに隊列が変化、我々は一糸乱れぬよう走ったり、また雨の中、身じろぎもせず立ちつくした。

護身術の模範演技に入ったころから徐々に雨足は激しくなり、フィナーレの消火活動までに、我々の白いシャツと白いズボンはからだに張りつき、重くまつわりついた。

この日のために用意した白い靴はすっかりドロにまみれ、冷たい雨のしずくが髪をつたい、からだは冷えに冷えきった。歯がガチガチとなる。我々は合図ひとつで、その意のままに従わねばならなかった。ドロが顔にはねても、それをぬぐうことすら許されない。厳格なムードが我々にそれを強要した。

約二時間の演技を終え、管区長の所感を我々がありがたくいただく番となったが、ここでもやはり我々は雨の中、立たされたままだった。

法務省のエラいさんである管区長は、彼に少しでも雨がかからないよう何本もの傘でまわりに気づかわれながら、そのでっぷりとしたからだの正面にマイクを据え、ゆっくりと、そして朗々と次のようにのたまわった。

「みんな、よくやった。いい演習だった。学徒動員を思い出した」

やっとこさすべての予定行事をこなし、我々は解放された。疲れきって重いからだを引きずって、女子寮にたどり着くまでの間、みんな押し黙っていた。

風呂場でノロノロとたっぷり水を吸った衣服をからだからはがし、ドロだらけの靴下から冷たくなった足をひっぱり抜いた。突然、まるで示し合わせたかのように、何人かが口を開いた。

「もう、情けない。なんでこんなことしなきゃならないの」

「いやよ、こんなの、あんまりよ」

声は半泣きに近かった。次々と声が上がった。

「何が学徒動員よ、バカにせんといて」

「冗談じゃないわ、私ら自衛隊に入ったんやない」

「悲しい、泣きたい、もう」

ある者はしたたる髪を拭きながら、同時にタオルで顔を押さえた。

速水さんは目を赤くしながらヘラヘラと笑っていた。これまで自分のスタイルを大切にして生きてきた彼女にとって、これはもう屈辱以外のなにものでもないにちがいない。それは怒りを超え、薄笑いへと形を変えていた。

刑務官、教官、技官への研修はあまりに旧態依然としていた。まるで軍事教練のようなカリキュラムが基本となっていた。そこでは人間性とか、人権についての学習より、どこかの国のマスゲームのような、権力に対する盲目的な服従心をもってよしとされているように思えた。はっきり言って看守教育は「時代遅れ」。ただそれだけだった。

少年院と鑑別所

研修のカリキュラムの中に、さまざまな矯正施設の見学がある。

少年を収容する施設にもいろいろある。少年院と少年鑑別所のちがいを知らない人は多い。まず目的が大きくちがう。平たくいえば、少年院はあくまで少年法によって定められた「刑務所の子供版」と考えてよいが、鑑別所は問題を起こした少年を一定期間収容し、その行状や性質をさまざまなテストや観察、面談によって鑑別し、その後の処遇をどうするか（少年院や教護院などの施設に送るか家庭に返すか）を、家庭裁判所に通知する一時的な機関といえる。

少年院は、分院も含めると全国で五十三の施設がある。教官たちは、家裁で少年院送致の処分を受け、少年院に収容された少年や少女を教育、指導して、彼らが無事社会復帰できるよう、さまざまな支援をしていく。多感な彼らの「親代わり」として、精神面もサポートしていくことが求められる。

少年鑑別所の子どもたちは、意外と明るい印象を受けた。まだ自分の置かれるべき場所が確定していないこともあって、強がりが残っていると言ったほうがふさわしいかもしれないが、私たち研修生が廊下を通ると、窓から首を出して、口笛を吹いたりするけしからんヤツもいる。反面、はじめての施設でショックを受け、しおれきっている者もいる。

女子少年院はまた少しちがった雰囲気を持つ。もちろん女の子だけの施設ということもあるが、ここではフェンスは逆に外部からの侵入者を防ぎ、彼女たちを守るという意味合いが強い。自分の彼女に会いたい一心で、このフェンスを越えようとするものは少なくないからだ。

女の子にとって「非行」という文字は、「性体験」とたやすく結びつく。妊娠している子もあり、ここでの中絶や出産はめずらしくない。彼女たちの処遇が容易でないのは、彼女たちの肉体は、世間では「女である」とみなされるが、その中身たるやまったく未熟な子どもにすぎないことに尽きる。

たいてい少女たちは成長の過程で、「自分のからだを大切にすること」を、どこかで学ばなければいけないはずだ。彼女たちには、こんな基本的なことも教えてくれない大人たちしか、周りにいなかったのかと思うと、実にやりきれない。そして、もっとも忌むべきは、彼女たちが商品になる社会そのものである。

男子女子、いずれにせよ、ここにやってくる少年はあとを絶たない。私には刑務官時代から、いまだにつきあいのある教官もいる。少ない職員でどれだけの効果を上げられるのか、教官自身もいろいろに悩み、苦悩する姿を私はかいま見てきた。

奈良少年院は厳しいところだった。行進訓練はもちろん、とくに礼儀についてのしつけの現場は、見ていて痛々しい。

ズラリと並んだ丸坊主の男の子たちはくりかえし、「失礼しまっす！」「ありがとうございましたっ！」と叫び、同時に腰を深く折り曲げ、頭を教官である指導者に下げる。そしてその姿勢のまま彼の指導を待つ。

「なんだ！　そのへっぴり腰はっ」

「頭を下げるのが遅いっ」

「やりなおーしっ」

そのたび何度も大声を出しては腰を曲げる。ここでは部屋を出入りするたび、これが義務づけられている。指導者の厳然たる叱咤におびえ、ただひたすらおじぎをくりかえす。その場面には悲壮感がただよう。

まだ顔にはあどけなさの残る者もいる。ペラペラの粗末な服を着て、素足に白いゴムの上履きを履き、成長しきっていない男の子たちが、ここで育てられていく。二十歳すぎになってやっと出ていく者もいる。

ここには皆がかつて一度は自分のものであったであろう、親も、女の子も、自分の部屋も、テレビゲームもない。パラダイスはもうどこにもない。お祭りは終わり、この現実の中で生きる日々があるのみだ。

とはいうものの、彼らの中には私たちがプールの前を通る時、まだ少年の面影が残るからだに刻まれた刺青《いれずみ》を、さも自慢げにこちらに向ける者がいる。教官に咎められるまで、それを誇示し、こちらを威圧しようとする。

そういう生き方しか知らないのだろう。刺青にしか自分の存在感を見いだせない暮らしのなごりが、まだ残っているようだ。彼らのこの先を案じ、見ていて情けない思いにかられる。からだの絵がどうしたっての。


ある日、私たちは管内にある矯正施設と教護院、中・高校の各チームを招待したバレーボール大会の審判を頼まれ、試合会場に赴いた。そこには少年院からの代表チームも参加していた。

大会が始まり、各チームが勢ぞろいして整列したが、少年院チームはひときわ異彩を放っていた。

全員、坊主頭。たくましく日焼けした顔を太い首が支え、Tシャツの下に盛り上がった筋肉、太い腕と足が、一般高校生のヒョロリとしたからだつき、なま白い顔におおいかぶさる長髪と、きわめて対照的だった。そして目だ。ギラギラと野性的なまなざしは、一般のそれとはちがい、生の迫力に満ち満ちている。

これは、この少年院が彼らに規則正しい生活と農作業を課しているせいなのだろう。来る日も来る日も畑に出て、真夏のギラつく日差しの下、野良仕事に精を出し、家畜の世話をしている少年たちの風貌が、そこらへんの高校生と顔つきまで、ちがってくるのは当然だ。

審判中、懸命にボールを追う彼らの顔を見て、私はつい目頭が熱くなってしまった。彼らは誰と結婚し、どんな家庭をつくるのだろう。がんばれ君たち、人の心や痛みがわかる君たちだからこそ、素敵な親になれるはず……。

男子刑務所

見学行脚はまだまだ続く。

我々……いえ、私たち研修生は来る日も来る日もクーラーのないバスに詰め込まれ、一路目的地に向かった。女性、男性ともに白いカッターシャツと白のズボン、白の帽子といういでたちだ。これは、施設への配慮である。

大阪刑務所をはじめ奈良少年院、大阪拘置所など、見学したほとんどの施設は、男性受刑者で占められている。ただでさえ女性が少ないのに、そこへ若い教官、看守見習いがチャラチャラと長い髪をなびかせてスカート姿で歩きまわるのは、保安上よくない、というわけだ。これはわかる。

実際、大阪刑務所には、過去の歴史や所内で起きた事件の軌跡を陳列した部屋があった。受刑者が自殺目的で飲み込んだ何十個もの鉄製の金具（この中には驚くほど大きなものも含まれている）や、受刑者が大なたで看守を襲い、頭をかち割った事件の記録などがあり、ここを訪ねるとこれまでの長い歴史の中で、さまざまな事故が施設内で起きたことがよくわかる。いたずらに受刑者に刺激を与えることは、予測できない事故を招きかねなかった。

当たり前だが、ただでさえ、彼らはうっぷんが溜まっている。刑務所の工場などでは、こちらが看守たちに守られていることもあり、非常におとなしく働いているが、ときおりチラリとうつむきかげんにこちらをうかがい見る鋭い目つきは、やはり穏やかではない。芸能界を一時騒がせた殺人事件の犯人、元歌手のKも白いキャップ帽をかぶり、工場で作業にいそしんでいた。

私たちは女子刑務所で働く人間だが、男子施設はやはり女子のそれとは、さまざまな点でちがっていると感じた。

まず、塀も高いし、守りも厳重である。和歌山刑務所の建物も古いが、大阪刑務所はもっと古めかしい。ここに積まれているレンガは、かつてすべて受刑者の手によって積まれ、舎房や、各室のサイズも明治時代のままと聞いた。

そういう意味で言えば、大阪刑務所は私が見た施設の中でも、もっとも刑務所らしい建物だった。暗く、いかめしく、厳然としていた。とくに独居部屋はかなりの迫力に満ちている。短いながら看守経験のある私たちでさえ、ちょっとゾッとする様相だった。

まず扉が非常に小さく、低い。大人用とは思えない大きさだ。当然この中の部屋の狭さがうかがいしれる。細長い視察口から内部を覗き見て、さらにギョッとした。ひとりの男がドアに向かって正座し、ギロギロとこちらをにらんでいる。目と目が瞬間にぶつかってしまった。

男がこちらに向かって正座をしているのは、こうするように定められているからである。こちらの許可なく、勝手に横になってはいけない規則になっているからだ。

その薄暗い部屋は、おそらくからだを斜めにしても、背の高い男なら全身を横たえるのは無理だろう。それほど狭い。その一方、天井までは数メートルある。かなり高い位置に、ほんの申し訳程度に明かり採りが小さく取り付けられている。そこから漏れる光で、やっと内部の様子がわかる。

私たちは代わるがわる、この独居房を覗き込んだ。坊主頭で、やせてはいるが筋肉質のその男の目には、自分が見せ物になっていることへの、怒りで満ちみちていた。彼は何をしてどこから来たのだろう、外には妻や子を残してきたのだろうか。

私たちの間から思わずため息が漏れた。

「すごい部屋やな」

「これ保護房じゃないよね、これで普通の居室なの」

大阪刑務所はこれぞ監獄、という印象が強い。ノーマルの部屋でこれだから、暴れる受刑者を収容する保護房は、もう人間を放り込むというより、猛獣かなんかを閉じ込めておく、という形容がピッタリのただの木製の箱だった。

保護や反省、というよりこらしめ以外の何でもない入れ物で、ここに保護服、つまり袖のない服を着せられ、身動きできない状態で数時間、または数日放置されるのだ。この場合、糞尿は当然たれ流しとなる。

男子施設では朝の体操、行進の練習などが、かなり厳しく毎日の鍛練として行われる。これも女子とは大きく違う。軍隊のように掛け声をかけ、膝を高く持ち上げ両手を振り上げ、団体で移動する練習が日課となっている。

ランニング姿のため、刺青が丸出しだが、皆の顔はいたって真剣だ。海千山千の男たちをここまで手なずけているからには、ふだん相当に締め上げているのだろう。

また、ここの廊下にはラインが二本入れてあり、受刑者が通るときはこの線に沿って進むよう決められている。それも朝の日課通り、手を振り足を上げて、というあの歩き方だ。もちろん、つねに看守はその後を歩く。これも看守の常識だ。

女子だとこうはいかない。もともとこういう練習をしていないせいもあるが、恐ろしくダラダラと歩く。刑務所に入るとほとんどが太るせいもあるだろうが、腹を突き出し、ゆっさゆっさと各々が、バラバラなテンポと歩幅で進む。おまけにこっちをジロジロ見るヤツもいる。ニヤニヤと隣の者と小声で話しながら歩く者もいる。

「ほら、朴さん、おしゃべりしないで」

こちらが注意すれば、

「ほれほれ、センセ怒ってはんでえ。静かにしいやー」

「あれセンセ口紅変えたん？　えらいまたごっつうキレイになりはってー」

みんなでドッと笑う。完全に小バカにしている。女はお気楽、かつどこまでもずぶとい生き物である。監獄に来たってまったく動じていない。


大阪刑務所で印象的だった、もうひとつの光景は、寝床だった。数人が一部屋で生活する雑居システムはここにもある。だが、なんと寝床がベッド方式になっている。これは近代的な、と思ったが、やや様子がちがった。

全員のベッドが一体となっている。つまり、ひとつの大きな寝台を、鰻の寝床風に横にズラリと細かく木の板で区切っているだけなのだ。寝床ひとつの幅は身ひとつ分と、かなり狭いうえ、その仕切りが必要以上に高い。その理由を聞くと、隣の者に手が出せないように工夫されているとのことだ。簡単に言うと、エッチ防止である。

長く懲役をしていると、もう相手が男だって女だって、どうでもよくなっちゃうらしい。そのイザコザを避けるために、このボックス式ベッドはかなり初期に導入されたらしい。年代ものである。もうアンティークの域に達していると言っていい。

困ったもんだ、人間って奴は。

矯正の世界はいたって原始的で、野蛮である。人権などという言葉の存在しようはずもないシステムが、立派に現在も生き残り、今日も機能している。

百年以上の年月を経て、なおも変わらぬ矯正の世界。今後も恐ろしくスローなテンポでしか前進をみないのであろう。外では人々が通信カラオケに興じているこの時代、塀の中は時が止まったままである。

私はここで働きつづけるのだ。

元銀行員Iさん

刑務所における手紙は、出すほうも受け取る側も、すべて「書信係」の検閲を受ける。知られてはいけない、または知らせたくない事項については、遠慮なしに黒々とラインマーカーの波が広がる。

新聞もしかり。近畿圏で起きた事件については、犯人がこの刑務所に収監される可能性が高いため、それを取り扱った記事は新聞から切り取り、もしくはマーカーで塗りつぶす。

「こんなん読まれへんやんかー、あんまりやわー」

ある時、収容者が穴だらけの新聞から目をのぞかせて嘆いていた。無理もない。その日の紙面はある事件、そしてそのヒロインでもちきりだったのだから。元銀行員、一億三千万円オンラインシステムによる詐欺事件の犯人Iさんだ。

大阪地裁で懲役二年六月の判決を受けた彼女は予想通り、ここ和歌山で懲役としての生活を送ることとなった。

私と彼女は不思議な縁があるのか、彼女がここへ来る前にも一度会っている。それは研修中に、大阪拘置所を見学した日、偶然彼女も入所してきたのだ。

一人部屋で新聞を広げて読んでいたＩさんは、私たちの視線に気づくと、チラリとこっちを見てから、プイとからだの向きを変え、そのまま紙面に目を落としつづけた。肌が白く、唇がやけに赤かったという印象がある。

私が研修を終えて、和歌山刑務所での勤務に戻ったとき、ちょうど彼女も刑が確定し、こちらへ移送、収監された。むろん化粧はしていないが、はっきりした目鼻だち、唇の赤さと寡黙さは相変わらずだった。

新入期間を終えても、いろいろと取り沙汰された事件だけに、彼女が雑居部屋に入ることはなく、ずっと独居部屋にひとりでいた。初犯の多い第一工場で働くことになったが、これは自然な流れで、特別扱いはなかった。

彼女はつねに優等生でありつづけるため、努力を怠らない人だった。もちろん一日でも早く、ここから出るためであろう。以前、彼女の部屋の居室検査をしたとき、彼女のノートを見たことがある。ここでの一日のスケジュールや細かい決め事を、ビッシリと何十ページにもわたってメモしてあり、所内でのさまざまな規則をつづった「収容者遵守事項」という、受刑者に貸与されている冊子とともに、きちんと並べられていた。

一度、工場で清掃の時間にこんなことがあった。Ｉさんはほうきを持ったまま他の受刑者に話しかけられ、ほんのわずかな時間ヒソヒソと話をした。私が気づいてそちらを見たとたん、彼女はサッと顔色を変え、はじけるようにその受刑者から離れたかと思うと、再びわき目もふらずに掃除にとりかかった。

そのときの彼女のリアクションがおおげさだったので、今でも印象に残っている。他の受刑者とちがい、伏目がちで、無駄口を一切たたかず、常にミスをおかすまいと神経を張りつめていた感じを受けた。

また、一言も注意されまいとするプライドの高さは、入室の際にもうかがえた。通常は、まず受刑者が部屋に入り、それを見届けてから看守が扉をガチャーンと閉めるのだが、それが屈辱的でイヤなのだろう、彼女だけは部屋に足を踏み入れると同時に、扉のへりをつかんでひっぱり、その勢いで自分で扉を閉めてしまうことがよくあった。いけないことなのだが、私はとくに咎めずにいた。

刑務所での運動会でも、彼女の笑顔はついぞ一度も見たことがない。輪になって踊るときでも、つねに失敗を恐れているように見えた。こうしてみると、もともと真面目で一途な性格ゆえの犯行だったのだろうと推測できる。だが、事件についての心の整理は、彼女の中ではまだ何ひとつ終わっていない、そんな気がした。

お正月には、彼女のもとへ激励の手紙や年賀状に加えて、なぜか高額のお年玉が、それも見知らぬ男性から大量に届くという異例の事態が起きた。

　悪い男にひっかかって、勤めている銀行のオンラインシステムを悪用、多額の金を男の口座に振り込み逮捕された愚かな女を、哀れと思う男性は少なくないようだった。そう若くもない女が、男の愛情ほしさに犯した罪に、むしろ純情で可愛いやつとの思いが走るのだろう。その容貌もあいまってか、とにかく当時の受刑者の中では、人気ナンバーワンを誇っていた。

「Ｉさん、モテモテやねえ」

「うらやましい限りやわ、私にも誰かちょうだい〜」

「あかん、あかん、アンタなんかに誰もくれるかいな」

　次々に保安課に伝えられる彼女宛の入金額。それを聞くにつけこの寒中、見ず知らずの獄中の女に、決して少なくない金を送りつける男たちの摩訶不思議な心情に、看守たちは思わずジョークを飛ばしあった。そして笑ってすませることにした。

　私が先に刑務所を去ったので、その後のＩさんを私は知らない。今、どこでどうしているのだろう。

　ひとつだけはっきりしているのは、彼女はもともと、とても聡明でプライドの高い人だと思う。それゆえ、もう二度とあのような愚行を犯すことはない、ということかもしれない。

消えたハサミ

ここの受刑者たちが全員、Ｉさんのようなお利口《りこう》タイプの女性ばかりだったら、どんなにラクか。利口で内気な女はまれである。小さなこぜりあい、ちょっとした事件は、しょっちゅう起きる。

保安課の非常ベルがけたたましく鳴り始めると、看守は何をおいても現場に直行しなければならない。プロ野球の試合中、敵、味方の選手同士がケンカになると、とりあえずベンチの人間は全員出動となっているらしいが、あれと似ている。とにかく人間がたくさん行くことに意義があるのだ。

一度待機室にいるとき、保安課のベルがジャーンと鳴った。ベルがどこで鳴ったかひと目でわかるよう、保安課にはすべての場所を表示した電光掲示板がある。ランプのついた場所で、異状の起きた所を一瞬にして知ることができるしかけになっている。

すわ、出陣。ドドドッとありったけの人間が、ベルの鳴った箇所へと急行する。若い者はさすがに足が速く、こういう場合、いつも威張っている年増たちは（失礼！）、だんだん後ろへと後退する。先輩方を追い抜くのは、ちょっとした優越感に満ちた快感だ。お先イ。

こうして最終ゴールインになると、その順位は大きく入れかわっているものの、いっせいに何十人という看守が駆けつけるとなかなか壮観だ。受刑者はさすがにビビる。

「え〜、せんせってこんないっぱい、いてはるのオ」

初めて見る受刑者は、思わず声を上げる。数による無言の圧力は、けっこう効果的らしい。

ある日、私が内外掃について、東北門近くの畑の横に立っていた時のことだった。どこか遠くで、「ブーン」という音が鳴っている。空耳かと思ったが、よく聞くとやはり何かがワアーンと言っている。遠いが大勢の声のようにも聞こえる。何かがどこかで起こっているにちがいない。異常事態ではなかろうか。

迷いながらも内外掃班についていては、もうひとりの看守に頼んで、音のする方向に向かって何歩か歩き出した。どうやら第一工場の方向らしい。確信を得たところで私はダッシュした。近づくにつれ、だんだん音が大きくなる。

工場の戸を開けて飛び込むと、やはりここだった。なんと百人もの受刑者たちが、一斉に大声を出し紛糾している。どうしたんだ、何が起こったんだ。

争いの中心らしき方向に、人波を分け入って入り込むと、どうやらケンカのようだ。激しいつかみあいとなっている受刑者ふたり、ここに担当の看守部長が止めに入っているものの、さらにそれを囲んで何重にもそれぞれを支持する受刑者たちがもみあい、波のうねりのように押しつ戻りつ移動している。収拾がつかない大混乱状態だ。

私の姿を認めると、看守部長は叫んだ。

「非常ベル！　早くっ」

私は再び猛然と人波の外に分け出て、生まれてはじめて非常ベルを押した。

待つこと数分。看守たちが大挙到着。騒ぎを起こした張本人たちを保安課に連行、あとの者を作業に戻らせて無事一件落着、幕となった。

ケンカの中心人物には、作業用の刃物で手に傷を負い、出血している者もいる。仲の悪い部屋同士の代表によるケンカらしい。やはりこれだけ人間がいると、どうしてもリーダー格ができるし、派閥もできる。

しばらくして看守のひとりが、

「一番乗り、早かったんやね。なんでわかったの」

と、私にたずねた。

いち早く異変に気がついたこと、確信はもてないまでも不穏な気配を「気のせい」ですませなかった判断が正しかったこと。それは、自分ながらうれしく感じた一件だった。

長年、空手をやっていたせいで、危機を察知する能力は人よりも高いのかもしれない。もしかすると、私はこの仕事にまったく向いていないわけじゃないんだ、などと初めて思った日だった。

工場には作業のための道具や刃物がたくさんある。このため、それぞれの数は朝、食事前、夕方の作業終了時と、一日に何度も数を点検、万一ひとつでも行方不明だと大問題になる。凶器の紛失は、決して「なあなあ」ではすまされない。それが刑務所だ。

ある日、作業終了時の点検で、ハサミが一丁足りないことが発覚した。何度数えても合わない。こりゃ大変なことになった。いったんこうなると、たとえその日、他の場所の担当者であっても、問題がかたづくまでは誰も帰ることができないならわしだ。可能な限りの人員が総出で捜索が始まった。とほほ……。

ところが、どこを捜しても手がかりすら見つからない。どんどん時間だけが過ぎていき、夕焼けが空を染めても、めざす一丁のハサミはいっこうに出てくる気配がない。看守たちの顔に焦燥感と疲労の色が濃くなってきた。あと考えられる所といえばただひとつ、「防火貯水槽」。ここにハサミを放り込んだ可能性が非常に高い。

保安課長、主任たちの相談の結果、消火用のポンプが倉庫から運ばれ、太いホースが貯水槽に突っ込まれた。水抜き開始だ。

ポンプが大きな音をたてながら水を吸い込み、吐き出していく。それにつれて、貯水槽の水位が徐々に下がりはじめた。誰もが黙ってそれを見守った。ここまでやるのか、ハサミ一丁で。そのときの私の正直な感想だった。

約二十分が経過。ポンプはゴボゴボと水を吐き出しつづけ、ようやく貯水槽の底が見えてきた。緑色の苔がこびりついた水槽の側壁が、徐々に姿をあらわにしはじめたとき、

「あった！」

看守の誰かが叫んだ。その瞬間、貯水槽を取り巻いていた数十人の職員たちは、水槽の底に吸い付けられるように詰め寄った。本当だ。ある。緑色に濁った水の下に、鈍く光る小さな握りバサミが揺れている。

職員たちがワア、と歓声を上げた。

「やった、やった」

肩をたたきあって喜んでいる。私もつられて笑ったが、内心はやっと帰れるという喜びのほうが先だった。今晩は何を食べようか。おなかがグゥと鳴った。

受刑者に騙されるアホウな看守の物語

内外掃班にキンさんという、歳は四十過ぎくらいの韓国人がいた。話が上手で、こちらを引きつけて離さないものがあるうえ、お世辞もうまかった。大柄でいつもにこやかで明るく、冗談ばかり飛ばしていた。

そのころの私といえば心中、寂しかったこともあり、内外掃班につくときは内心うれしく思ったものだ。キンさんがいるからである。その日はいろいろ話をして過ごしているだけで一日が終わるのだ。

ある日は職員用の風呂場を掃除をしながら、ある日はテニスコートの芝刈り機を押しながら、彼女は自分の身の上話をしてくれた。キンさんは韓国に帰れば、大きな家の娘なのだと話した。今までどんなに苦労して子供を育てたか、そしてなぜここに来ることになってしまったかなど、たくさん話した。

私が仕事で同僚とうまくいかないことがありションボリしていると、キンさんがいつものハスキーな大声でジョークを連発し、笑わせ励ましてくれた。彼女といる時は、いつも時間が足りないように感じられた。私はすっかりキンさんに心を許してしまった。

私がいつもキンさんのそばに立っているのを、作業中の他の受刑者が、ときどき見ているのを知っていた。しかし、私は気にもとめなかった。ただたまに、安田さんという目つきの悪い、髪の赤い若い女がちょっかいを出しにくるのはイヤだった。

「せんせ、キンさんと仲良しやな」

覚醒剤の乱用で、すっかり失った前歯の歯ぐきをむきだしてニンマリと笑う。

「それがどうしたの。黙って仕事しなさい」

まだ二十三歳だというのに太った身体で、大きなお腹を突き出し、ベラベラと無駄口の多いこの品《ひん》のない女を、私は快く思っていなかった。

私たちの「友情」は四季が移り変わっても続いた。たまに夜勤で舎房のキンさんの部屋の前を通るときは、彼女の姿を目で探した。向こうも私を認めると、

「せんせー、風邪ひきなさんな、今晩は冷えるで。下にようさん服着て仕事しいやー」

と、大声でニコニコと手を振るキンさん。彼女はすでに私にとって、なくてはならない存在になりつつあった。

そんなある日、内外掃の作業中、受刑者同士がちょっとしたモメ事を起こした。何人かが集まり、言い合う声が聞こえる。駆け寄ると、例の安田さんが騒いでいる。何事かと問いただすと、キンさんも当事者のようだ。

「せんせ、キンさんが悪いねん！」

安田さんが食ってかかるように、えらい剣幕で私に訴える。彼女は一方的に何事かをまくしたてるが、キンさんは知らん顔だ。私もとてもまともに取り合う気にならず、早く作業に戻るよう指示しただけで、その場を収めた。

ところが数日後、今度は内外掃の準備室で、また安田さんがキンさんとケンカを始めた。またか、と思いつつ私が止めに入ると、やはり彼女がここぞとばかりにギャアギャアと自分を正当化するための言い訳をまくしたてる。私はいらだちをおぼえた。

「安田さん、またあなたなの。あんまりいいかげんなことばかり言ってたら、保安課へ報告しないとね」

「ほんまやてせんせ、アタシなんにもウソなんか言うてへん、キンさんが汚いマネばっかりしよるねんて。一回ちゃんとアタシの話聞いてえな」

「そんなわけないでしょ。人のせいにしたらアカンよ」

「ほんまやって、信じてえなせんせー、なあみんな、そうやな」

他の者は安田さんの肩を持っているようで、彼女の言葉にうなずいている。ひとりキンさんだけが、ジッと沈黙を続けている。

私はうるさい安田さんの口を、なんとか封じようとやっきになった。

「安田さん、なんであなたはいつもこうなの、ベラベラしゃべってばかりで、ちっとも仕事しない、なんかあったらすぐキンさんを目のかたきにする。もっと行状良くしないと、成績にかかわってくるよ。進級遅れたら出るのも遅くなるってこと、もうわかってるでしょ！」

一瞬、安田さんはあんぐりと口を開けたかと思うと、次は悔しそうにうつむいた。それでも上目づかいにジッと私の顔をにらみつけている気配が伝わってくる。

「わかったら早く仕事にもどりなさい。ケンカはもう終わり！　はいはい、みんなもサッサと持ち場に戻った、戻った」

私がパンパンと手を叩くと、彼女たちはそれぞれ道具を手に、のろのろと散りはじめた。私はこれ以上安田さんの顔を見たくないので、サッサと白い手袋をはめながら部屋の外へ出た。その間も、私は彼女の視線をずっと背中に感じつづけていた。


ついにある休日、キンさんと安田さんは舎房でつかみ合いの激しいケンカを起こし、ふたりは取り調べの対象となった。私はそのとき、またかと思うと同時に、つくづく安田さんに嫌気がさした。どこまで根性の曲がった女なのか。被害を一手に被りつづけているキンさんが気の毒でならなかった。

ところが、である。保安課でこのふたりの取り調べが進むにつれ、徐々に明らかになってきた真相は、私の予想をまったく裏切るものだった。安田さんシロ、キンさんはクロと出たのだ。当然この一連のケンカの責めは、キンさんひとりが負うものとなり、キンさんは当分、懲罰処分の対象となった。

「内外掃班の取り調べ、終わったと聞いたんですが」

たまらず保安課長にたずねてみた。

「ああ、あれね」

課長は調べものの手をとめて、ペンをキャップに納めながらため息をついた。

「結局、キンさんにみんなガマンできなくなったのよ」

私は自分の耳をうたがった。ハンマーで頭をガツンとやられたら、こんな感じだろうか。キーンと耳鳴りがしたと思ったら、全身の血が逆にめぐり始めた。立っている床がユラユラ揺れた。まるで事情がよくのみこめない。再度質問した。

「それ、どういうことでしょうか」

表面的には平静を装っているものの、私の動揺は課長に伝わったようだ。彼女はそばの椅子を私にすすめた。

「キンはね、看守の目を欺いて同室の者たちに脅しをかけて、みんなを自分の支配下に置こうとしていたの。ずいぶんキンの横暴に苦しめられていた人もいたみたい。それを安田がひとりで告発しようとして騒いでいた、ということだったのよ」

まだ、信じられない、という顔を私がしていたのだろう。

「あのね」

課長はたたみかけるように続けた。

「たしかに安田は誤解されやすい子よね。おしゃべりだし、見た目も良いとはいえないわね。でも、みかけで判断できないことっていっぱいあるのよ。予断をもって彼女たちに接したら危険よ。充分気をつけてください」

そこまで聞くと、私はフラフラと保安課を出て、待機室へと続く階段を一段、一段踏みしめて上がった。

保安課長は知っていたのだろうか。私がまんまとキンさんに騙されていたことを。彼女は言葉巧みに私を味方に引き入れることに成功し、私は受刑者に騙されるバカな看守の役を演じたわけか。恥ずかしい。刑務官のくせに、情けない。何を見て人を判断していたのだろう。コロリと騙され、てなずけられていた私を見て、他の受刑者たちは陰で私をあざわらっていたにちがいない。

猛烈な自己嫌悪に私は襲われた。同時に安田さんに対する申し訳なさで胸がいっぱいになった。なぜ少しは話を聞いてあげようという気を起こさなかったのだろう。頭からすべてをウソと決めつけ、一度だってろくに彼女の言葉に耳をかそうとしなかった私。もしや、という慎重さ、公平性への配慮をまったく欠いていた。穴があったら入りたいとは、こういう心境を言うのだろう。

もう内外掃班のみんなに合わせる顔がない。

数週間後、懲罰の減級・謹慎処分を終え、内外掃班にキンさんが帰ってきた。出場停止がとけ、また仕事に復帰してよしとなったのだ。懲役は刑務所にいることではなく、働くことが刑に服すること。決められた日数の仕事をしなければ刑期に算入してもらえず、いつまでたっても出所はできないしくみなのだ。

そして皮肉なことに、私にとってあれ以来はじめて内外掃勤務を命じられたのが、たまたまこの日だった。逃げ回っていてもしようがない。私は覚悟を決めた。

安田さんの態度は予想通りだった。私の姿を見つけると、ニヤニヤと薄笑いを浮かべ、そのあとフン、と勝ち誇ったように私を見下してから持ち場へと歩きはじめた。

他の受刑者も同様だった。私が準備室に入ると、クスクス笑う者、一瞥する者、さまざまな反応を見せた。しかたがない。私はそれらすべてを黙って受けいれることにした。

一方、キンさんは、驚くほど印象がちがっていた。表情、目つき、まったく別の人格のように思えた。以前のにこやかな笑顔はすっかり消え去り、ただの見知らぬ中年受刑者が、そこにいるだけだった。ただ、口もとには居直りともとれるような不敵な薄笑いを浮かべ、悠然と私の前を通りすぎていった。遊びは終わったのだ。

食欲・性欲・ケンカ欲

洗濯工場のとなりに養豚小屋があった。ここの豚の大きさといえば、最初に見たときは、わが目をうたがったほどだった。巨大なからだはまるで小山のよう。うす桃色の肌を白い産毛が覆っている。そのとなりでは、残飯がドラム缶ほどの大きな鍋状の容器いっぱいに炊《た》かれ、小屋中に甘ずっぱい匂いがたちこめ、冬の冷気に湯気を立てている。

この残飯は、受刑者が食事ごとに回収し、舎房の外に出しておいたものだ。これを養豚係である受刑者ふたりが、刑務所内を毎朝リヤカーで集めに回る。糞尿は内外掃班が引き取って、畑や花壇に利用する。この施設の中に無駄は存在しない。食物ひとつとってもこうやって循環、完結させている。リサイクル社会の見本のような見事なシステムだ。

また、この中には消防車も入りにくいことから、職員による自力の消防団がある。バキューム・カーの代わりに、トイレ用の浄化槽の手入れも内外掃班がする。使用ずみの衣服や布団は所内の洗濯工場が引き受けて、きれいによみがえらせ、毎日大量の洗濯物を風にはためかせていた。ここは小さな社会だが、その合理的なシステムには、感心すべき点が山ほどある。

この洗濯工場に武田さんがいた。前髪の長いショートヘアに、スリムな肢体、長い足。まだ三十そこそこであろうか。彼女が所内を歩くと、あちらこちらの舎房の窓、工場の窓から熱い視線が送られた。

そう、彼女は「オトコ役」なのだ。彼女がここへ来た原因も、三角関係のもつれ、つまり恋人の奪い合いとなった末のニンジョウザタだった。恋仇が男なのか、女なのかは知らないが、さっぱりとした話し方、気っぷのよさそうな性格と物腰、立ち居振る舞いは、その筋の人にはなかなか魅力的であろうと想像がつく。

こういう人がひとりいると、ちょっとやっかいなのが、恋をめぐる攻防である。とくにこういう所では、プレゼントを買って送りつけることもかなわないので、可能なことといえば、情けないようだが、せいぜい看守の目を盗んで食べ物をこっそり上納するしかない。この貢ぎ物はもっぱら食事中に行われるため、要注意である。

懲役囚の食事は各仕事場別に設けられた食堂でとる。麦と白米の割合は七対三だったが、かなり大きめのプラスチック製のどんぶりに八分目ほど飯が盛られており、見た目にはかなりの量である。

おかずもけっこう良い。最低三品はつくうえ、多くがもと主婦である女性たちの手によるものだけに味もけっこういける。メニューは、カレーライスあり、筑前煮あり、チキンカツありと、家庭料理となんら変わりない。そのへんのデリカシーのない食堂の定食よりは、よっぽど量も内容も充実している。

ただ、かなりのカロリーなので、洗濯工場や内外掃、養豚などの肉体労働者は別として、居室作業者が三食毎回全部食べると当然太るに決まっている。しかし、ここでは食べることは唯一の楽しみ。

「ここ出たらちゃんとヤセるからね〜」

と言いながら、うまそうにみんな平らげてしまう者がほとんどだ。したがって、全員の食事が不公平なく配られたかどうかの検査も、看守の大切な仕事となる。

「いただきまーす」

一斉に食事が始まる。その間も看守はウロウロと受刑者のテーブルの間を歩き回って、不正をしないかどうか見て回る。ここでの不正はおもにおかずのやりとり。これは禁止である。

こちらが背を向けた瞬間にサッと気配が走る。急いで振り向いてもそこら一帯、シラーッと箸と口を動かしつづける。あちらの団結心には相当のものがある。聞いても知らん顔、現場を押さえない限りは、どうしようもない場合が多い。

彼女たちの食べ物に対する執着、とりわけ甘いものに対する異常なまでの執着は、ときに第三者が聞けばあきれはてるような行動につながる。

刑務所では一年のうちに、いろいろな慰問行事がある。その際、さまざまな団体からお菓子などの差し入れをいただく場合が多い。たまたまこの日は羊羹だった。

配給はなんとひとり一本。すごい量だなーと思いつつ、舎房で手分けをして、端の部屋から順番に配りはじめた。するとおしまいのころになって、一番最初に配ったところの独居の者が報知器でサインを出した。これは板状のもので、看守に用があるとき部屋内部から押せば、廊下に突き出る、といういたって単純なしかけだ。行くと、

「せんせ、私まだ（羊羹を）もらっていません」

と言うではないか。

そんなはずはない。保安課でまず数を合わせ、こちらでも数をチェックしてから配っている。再度確認をしたがやはり合っている。ところが彼女は確かにもらっていないと言い張る。

これに対し、出された指示は「居室検査」だった。本人を部屋から出し、廊下で壁に向かって立たせておく。しばらく室内を捜索すると、やはり出てきた。羊羹の包み紙。

ここ舎房にはたくさんの部屋が並んでいるので、最初の部屋と終わりを移動する間には、どうしても時間差ができてしまう。その数分の間に彼女は羊羹一本を平らげ、包み紙を布団の間に押し込んだ、というわけだ。

武田さんのところには、これらお菓子をはじめ、さまざまな貢ぎ物が密かに届いていると聞いた。残念ながら私は一度もその現場を、捕らえることができずじまいだった。そのうち彼女の出所日がやってきた。

その日彼女の担当だった看守は、後に待機室でこう感想を述べていた。

「いやー、囚人服脱いで、自分のスーツに着替えた武田は、そりゃえらい『男っぷり』やったよ、バシッと決まってたわあ」

ほれぼれと思い返すその様子は、よほど印象に残るものだったのだろう。私はそれを聞きながら、あの日のことを思い出していた。

特別な異性関係をもつ武田さんは、ここでトラブルを起こさないよう、ずっと独居部屋をあてがわれていた。独居には、未決をはじめ新入りや懲罰中など、なんらかの理由で他の受刑者とは同居できない者たちばかりがいる。

そのひとりに独居房常連の横井さんがいた。これはいろいろいる中でも、極めつけの問題人と呼べる女だった。歳は四十過ぎたくらいだろうか、きちんとした職についたことがなく、今までにも何度も収監されている要注意人物だ。所内でもこれまでにさまざまなトラブルを起こしていた。

性格は凶暴にして落ち着きがない。おまけに神経不安からくる潔癖症で、つねに自分の部屋を磨きあげ、看守に部屋のどこかをさわられると露骨に怒りをあらわにし、丹念にそこを雑巾で拭きあげていた。

不幸なことに、武田さんと横井さんの部屋は斜め向かいにあり、その距離はほんの十メートルほどしか離れていなかった。

その日は横井さんが朝から上機嫌?で、部屋で歌を歌いつづけていた。私は何度か注意したが、やめる気配はなかった。予想通り付近の部屋のひとつから報知器のサインが出た。風邪で休養していた武田さんだった。

「せんせー、うるそうてかなわんわ、やめさせてえな、あれ」

無理もないので、なおも再度横井さんに静かにするよう注意したが、聞き入れない。たまらず武田さんが、大声で叫んだ。

「やめえ言うてるのがわからんのかっ、ドアホ!」

横井さんも負けじと吠え返す。

「やかましわっ、このアホンダラがっ、ギャーギャーぬかすな!」

なんとかふたりに壁越しの罵り合いをやめさせたころ、武田さんに洗濯物を干させる順番が来ていた。

武田さんの部屋を開けると、彼女は憮然とした表情で突っ立っていた。洗面器に絞った下着を入れて、それを小わきにかかえ、ゆっくりと素足にピンク色のビニール製スリッパをつっかけた。

洗濯干し場に行くためには、横井さんの部屋の前を通らねばならない。武田さんはゆっくりと歩きだした。しかし、徐々に歩みは速くなり、横井さんの部屋の前に差しかかったとき、武田さんは突然その部屋の扉にドーンと一発、足蹴りを食らわせた。

「ざまあみい、このがきゃあ」

扉を蹴られ、中でわめき散らす横井さんを尻目に、武田さんはガハハと高笑いし、外へと出ていった。干し場で私が注意すると、武田さんは「はいはい」とニヤニヤしていた。

武田さんの洗濯物干しが終わり、彼女を部屋に入れ扉を閉めると、次は横井さんの番だ。扉を開けると、横井さんはいつものように雑巾を持って出てきた。スリッパを履くと、まずドアの裏表、ノブを拭き、敷居、つづけてドアの木枠を拭いて回った。それで気がすむと、戻った際にもう一度拭くために雑巾をキチンとたたんで敷居の隅に置き、次に洗った洗濯物を入れた洗面器をかかえた。

ところが、干し場に向けて歩くよう促すと、横井さんは突然クルリと体の向きを変え、武田さんの部屋に向かって走り出した。

私はとっさに横井さんの腕をつかんだ。すると、

「はなせっ！」

彼女は叫びざまに私に向かってこぶしを振り上げた。

それと私の右足が彼女の両足をすくい上げたのは、ほとんど同時だった。横井さんの体がフワリと宙に浮いたかと思うと、次の瞬間、彼女はあっけなく私の足もとに横転していた。

「なにすんねんっ！　こいつっ」

金切り声を上げる横井さんは、反撃のために立ち上がろうとしたが、彼女の腹にはすでに私のヒザがのしかかり、それもかなわなかった。鼻っぱしらのわりには彼女のからだは軽く、やせ気味のように感じた。

誰か看守が非常ベルを押したのだろう、すぐにたくさんの看守たちが保安課からやってきた。横井さんの向かうところは自分の部屋ではなく、保護房となることは、誰にも疑いようのないところだった。

おひとり様、独房へご案内

まだ二月になったばかり。

このころの寒さといえば、戸外では息が白く凍り、鉛色の空はときに細かな雪を吹き出していた。防寒コートの下に何枚重ね着をしても、足先はつねに冷えて感覚がなかった。誰もが鼻をグズグズいわせ、背中を丸めて家路を急いだ。横井さんはまったく運の悪い女で、よりによってこんな時期に騒ぎを起こしてしまったのだ。

保護房は畑の真ん中にあり、セメントで固められた箱状の独立した建物だ。中は板の間が約八畳くらい。隅にトイレ代わりの穴がある程度で、家具は何もない。窓にガラスはなく（割られる恐れがあるため。自傷行為を防ぐ意味でも）、いわゆる鉄格子状の桟がはまっているだけ。ここに問題を起こした受刑者を放り込んで、反省を促すという必要悪の前近代的なシステムだ。

どのくらいの時間ここに入れておくかは個人差がある。数時間の者もいれば、数日にわたることもある。その者の反省次第なのだが、その間、放りっぱなしというわけではもちろんなく、定期的に観察を続け、その状況を書き留めておく。これは保護房を使用した場合、上に報告する必要があるからだ。場所が病棟に近いこともあって、保護房観察はその日の病棟勤務者が行うのが決まりとなっている。

刑務所側の当事者は私なので、私がこの件の報告書を作成、提出しなければならなかった。生まれてはじめて書く報告書は、さっぱり要領がわからない。過去のものを見せてもらいながら、なんとか書き上げたものの、見事に個性とは無縁の文章ができあがった。

誰もが以前の報告書を参考に書いているので、年月日と記入者名、場所などの状況がちがうだけで、あとはそっくり。私としてはもっと迫真のストーリーにしたかったのだが、それは許されないようだ。上司の検閲を考慮し、あとでおとがめがくるようなヘタな文章を、新米刑務官が書きちらかさないよう、きちんと「正しい」書き方を指導された。正しい書き方とは、誰が読んでも「なるほど、これでは保護房入りになるはずだ」という必然性、起承転結を踏まえていることが肝心だ。

「二月八日。物干しの作業中、横井は突然走り出した。看守が制止するも聞き入れず、抵抗したため、護身術の技を使用し、保護房観察とした」

ポイントはこの「護身術の技」である。こっちが一方的になぐったり蹴ったりしたところで、すべては正当防衛。護身術の技を使用した、と書けば、それで終わるのだろうか。

その日、私はまったくついていなかったといえる。仏滅と十三日の金曜日が重なっても、これほどにはならないだろうと思うくらい、呪われた一日だった。

まず、この日私はたまたま夜勤にあたっていた。慣れぬ報告書の作成に手間取り、食事や休憩もろくにとれなかったうえ、さらに不幸なことには、その日は病棟勤務と見事に大当たりだった。これは保護房にいる横井さんの観察記録を書くために、私は今夜一晩、彼女と真夜中のランデブーを楽しまなければならないことを意味していた。

なんとかその責を免れたいという一念から、私の夜勤開始時間が来るまでに、横井さんが反省の色を見せて舎房の居室に戻っていてくれ、と虫のいいお祈りを捧げたが、これは神には届かなかった。

反省どころか、彼女は「戦闘意欲まんまん、すこぶる元気」と、日勤の看守から報告を受けた。食事に一切手をつけないだけでなく、飯器をひっくり返すわ、職員に暴言の限りを尽くすわ、つばを吐きかけるわで、保護房内において可能な限りの悪事をくりかえして夜を迎えていた。

最悪の勤務がとうとう始まった。夜の闇の中をヒタヒタとひとり病棟に向かう足取りは、私のこれまでの生涯のうちで一番重い。とにかく冷える。今夜もまたときおり雪が風に舞っている。冬の夜勤に欠かせない腰にしのばせたカイロひとつだけが心の支えだ。

この寒さの中、横井さんはひとりあの薄っぺらな囚人服一枚で、裸足のままあの部屋にいるのか。まさか凍死なぞしやしないだろうね、と心中穏やかでない。

病棟の机の前、ストーブの上ではシューシューとヤカンが鳴いている。腕時計に目をやると、もう保護房に横井さんの様子を見にいく時間である。たしか二十分に一回だったかと記憶しているが、これはかなり頻繁に足を運ばなければならないことだ。

やれやれ、しゃーない、行くか。まいったな、もう。

ブツブツつぶやきながら、懐中電灯一本持ち、冷蔵庫の中のような寒気へ出た。真っ暗な畑の中を十メートルほど、保護房に向かってそうっと歩く。観察はあくまで密かにやらねば意味がないし、なるべくならもうこれ以上トラブルを起こしたくない。

暗闇の中にひっそりと保護房は立っていた。のぞき窓の位置は少し高く、今夜は明かりがついている。保護房の窓から明かりが漏れるのを見るのは、今夜がはじめてだ。

保護房の裏側まで近づいた。わずかに希望の灯を確かめたくて、チラリと舎房のほうに目をやったが、ムダだった。そこはすでに就寝時間を過ぎ、どの窓も暗く、ひっそりと静まりかえっているのみ。もうみんなはお休みというわけか。薄情もんが。

本当はむちゃくちゃ怖い。中には生身の人間がいるのだ、何をしているかちょっと見てみるだけでいいのだ、と何度自分に言い聞かせても、心臓はドッドッとうるさいくらいに高鳴るのをやめない。

ここでもし横井さんが私の気配に気づき、意地悪く壁の後ろに隠れて私をワッと驚かしでもしたら、まちがいなく私は気を失うか、腰をぬかすだろう。ますます不安になってくる。ゆ……許さんぞ、そんなことをしたら、ぜったいに許さんのや、もうこんな仕事は今夜限りでやめてやるからな、とむなしくブツブツひとりごとをつぶやきながら、私はなるたけ音をたてないようにして背伸びをし、そうっと中をのぞき込んでみた。

……え、いない。どこにいるのか、全然見えない。さらにグッとつま先立つ。いた。部屋の隅にジッとうずくまっている横井さんの姿。ひとつにしばった髪は背中まで伸びて乱れているが、確かに生きて座っている。顔は空をにらんだままだ。

ああ、よかった。驚かすんじゃないよ、まったく。

突然、彼女はチラッとこちらを振り向いた。あわてて頭を下げる。そうっと後ずさりをして病棟に向かって早足で歩き出した。とにかく「異状なし」だ。

病棟に戻ると、ボールペンを出してノートにそう書き入れた。時計を見ると、あと十四分ほどしたら、また次の観察時間がくる。これを今夜中くりかえさねばならないのか。こっちまでヤケクソになって暴れたい衝動にかられた。

ショーのクライマックスはこの後始まる。何度目の観察だったか、私は再びコソ泥よろしくコソコソと闇の中を保護房に近づき、今度も何も起こりませんようにと願いつつ、勇気を出して背伸びをして中の様子をうかがった時だった。

しかし、祈りもむなしくそこで私が見ることになったのは、なんと踊り子横井嬢のストリップショーだった。

彼女はなぜか何も身に着けていなかった。グレーの薄っぺらな囚人服は、ゴミのように部屋の隅に脱ぎ捨てられていた。横井さんは私がここにいるのを知っており、床にすわり、体はまっすぐこちらの真正面に向けている。そして彼女の両足はV字に開かれたまま、空中に留まっていた。さらには、私はその両足のつけ根に、はっきりと赤い血の存在を認めた。生理である。

ここで、こんなときに、始まったのか。

しかし、彼女はそれを楽しんでいるように見える。彼女はニヤニヤ笑いながら、その血を一方の手の平でぬぐうと、後ろの壁になすりつけた。白い壁には赤い絵の具のらせんができた。

清く正しい観察記録に、これをそのまま書くには、あまりに不釣り合いな出来事のように思えた。しばらくペンをクルクルまわしたあと、この件について、私は報告するのをあきらめた。そしてこう記した。「午前三時二十分。異状なし」、と。

監獄ミステリー

幸いなことに、そんな夜にも朝は平等にやってきた。夜勤を無事終え、私は家に帰ることに成功した。

その日は非番。家の中の様子はふだんと変わらず、朝日が台所の窓からさし込み、お湯は何事もなくいつもどおり浴槽を満たしてくれた。平和だった。

翌朝出勤すると、横井さんの騒動もようやく終結をみせたようだった。保護房を出され、舎房に戻ったらしい。

「ほんま、あの女だけはどうしようもないわ」

ロッカールームでネクタイをしめていると、待機室のソファで、その日の夜勤明けの看守たちの話す声が聞こえてきた。

「あの寒い寒い保護房で、音《ね》あげへんのやから、よっぽど頭いかれてるんやろ」

「見てるほうが震えあがったわ」

「そやけど、知ってる？　横井なあ、子どもいてるんやで」

「えっ、ほんま？　あの女が。子ども育ててたん？　一応お母さんやってたわけ」

「うん、もうけっこう大きいらしい」

「ヒエ〜、ほんまにい、信じられへんわ。あれが親じゃ、子どももたいがい気の毒なもんやで」

　ドッと笑い声で待機室が沸いた。

私はひとつため息をついた。こっちだって信じられない。またあのストリップショーがよみがえる。

「もう、いいってば」

　思わず言葉が口から出てしまった。本当にうんざりだった。

　もし仮に、彼女からひとつ学んだことがあるとすれば、子どもというものはどんな人間にでも育てることができるということ、ただそれだけだ。


　本能まるだし、野獣のような女は、この刑務所内では横井さんの他にも生息していた。

　背の低い女、上田さんもそのひとりだ。もとは教職についていたことがあるというから驚きだ。いつからああなってしまったのだろう。

　彼女ももちろん独居部屋だが、横井さんと決定的にちがっている点は、ともかく不潔きわまりない人間ということだ。彼女を風呂に入れるため居室内に入ると、部屋の隅にオシッコがしてあったりするから、実に慎重に歩かねばならない。

ある日は素っ裸で窓によじ登り、格子につかまって太陽の光を浴びている。何をしているのかと聞けば、

「シッ、今宇宙からテレパシーが来てんねん。静かにしてや」

勝手にやっとれ。

いつも夜になると見えない相手と言い争う女もいる。夜勤はそれでなくても気味が悪いのに、こういうのがひとりいると迷惑きわまりない。

明かりを落とした、だだっぴろい舎房は、暗くガラーンとしている。天井高十メートル以上、舎房の端《はじ》から端までは五十メートルはあろうか。その中に何百人という受刑者の部屋の扉が並ぶ。

この廊下をただひとりヒタヒタと歩き、居室をひとつひとつ見て回る作業は、なかなか勇気とコツがいる。昔聞いた怖いお話の一節などを突然思い出したりすることのないように、頭の中はつねに別のことでいっぱいにしておかねばならない。そしてからだは始終忙しく動かすことだ。

視察口から室内を覗き込むと、豆電球の明かりの中、皆おとなしく布団をかぶって静かに寝息を立てている……ことになっている。

ところが野口のおばさんだけはこうはいかない。ひとり言が忙しく、にぎやかこのうえない。一応、横臥《おうが》（横になって寝ること）しているが、顔は天井をにらんだまま。カッと目を

見開き、さかんに口を動かす。

「なにい、おのれ、まだそんなこと言うとるのか」

と言ったかと思うと、急に声色を変えて、

「待て！　よしわかった、それならよい」

続いて、

「来るなら来い！　お前なんぞに負けるワシやないぞ！」

と、ひとりでドンドン盛りあがる。暗闇に何が見えるのか、考えたくもないわ。

「野口さん、静かにしなさい」

ムダと知りつつ一応注意しても、その瞬間黙るだけ。数分もするとまた闇に向かって、

「かかって来い！」

もう、あんたも勝手にして。

川口さんも夜勤中、何度も怖い思いをさせてくれた思い出のひとりだ。

これまでの人たちがけっこうコミカルな面を持ち合わせていたのに比べ、彼女は本格的に不気味な女性だった。

同じく夜勤中、舎房担当となり、定期的に居室の視察口を端《はじ》から見て回る。皆それぞれちゃんと眠っているようだ。よしよし。今夜は何事もなく終わろうね。とはいうものの、次の

雑居部屋はいささか緊張する。川口さんがいる部屋だからだ。

よし、看守は根性だ。あいつらが怖くて、この商売やってられっかあ。恐る恐る中の様子をうかがう。頼むから全員ちゃんと眠っていてね（態度がコロコロ変わる）。

ところがその願いもむなしく、異変あり。私のからだはギクリと硬直した。

誰かひとりだけ布団の上に座っている。うつむきかげんに頭からすっぽりと毛布をかぶり、身動きひとつしない。長い髪が顔を覆い、顔がわからない。

「どうしたの」

声をかけても返事はないが、布団の場所から察するに、それが川口さんであることにまちがいはない。

まだ若い彼女は心中の生き残りである。大学の教員である両親、厳格な家庭に育った彼女は事件当時、大学院生だった。交際していた男性との結婚を、身内にことごとく反対されつづけ、ついには彼を死に追いやり、続いて自分も死のうとして失敗。ここへ来てしまった悲劇の女性だ。

一度も話す声を聞いたことがない。いつも頭から毛布をすっぽりかぶり、長いザンバラ髪をユラユラさせて、幽霊のようにボウッとうつむいているだけだった。

翌朝、彼女と同室の受刑者のひとりから訴えがあった。

「せんせ、頼むから部屋変えてえな」

「どうかしたの」

「川口に決まってるやろ、もうメチャメチャ怖いねん、あの子。夜中な、なんかヘンな気持ちして目え開けたら、あたしの顔の前にアイツの顔あるやんか。あたしの顔ジーッとのぞきこんでんねん。もう、心臓止まるか思たわ。そうかと思たらうなされるし、たまにギャー泣き出しよるし。もうたまらんわ。頼むし、なあ、部屋変えてエ」

　こりゃもっともな言い分だ。この受刑者は文句なしに看守たちの同情を一身に集め、その日のうちに川口さんは独居へと移され、それ以来、工場に出ることもなくなった。

出廷

面会への立ち会いも看守の大事な仕事のひとつだ。

面会が許される者や、その日時には細かな制限がある。しかし、身内の者ならほぼ所定の手続きを踏めば受刑者に会える。あるとき、待機室で看守同士がこんな話をしていた。

「この間、正子に、面会者があったわ」

「誰？」

「内縁の夫。それがな、職業欄になんて書いてあったと思う？『ヤクザ』って書いてあるねん。吹き出しそうになったわ。それって仕事？」

待機室がワッと笑い声で沸きたった。

こんな話はめずらしくなく、刑務所に入っている者の配偶者も、刑務所暮らしというのはザラだ。もちろん手紙に刑務所名など書いてあろうはずがない。住所と番地でわかるのだ。子供まで少年院というエリート家族？もいる。

離婚届けが郵送で飛び交う。男のほうから送られてくる場合もあるし、女から送る場合もある。前者のケースの場合、しばらく行状には要注意だ。不本意な離婚だとショックが大きいからである。未決拘留中の自殺未遂はめずらしくないし、裁判所で公判中にいきなり窓に突っ込み、飛び降りを図るなど、よく聞く話だからである。

和歌山刑務所には拘置所が併設されている。男子の施設は建物が別になっており、敷地内の一角にある。食堂などは共有で、時おり職員食堂で、若い男性が昼食をとっているのは、拘置所で働く刑務官である。

有名な事件などで収容されていた受刑者を出所させる際、マスコミ報道による混乱を防ぐために、刑務所の門ではなく、この拘置所の塀の扉から出す場合がある。しかも早朝に行うのだが、それでもマスコミはカメラを構えて未明から待ち受けている。

女子の拘置も和歌山刑務所内の施設で行われている。扉に「未決拘留」と札がかかっている。

彼女たちはもちろんまだ刑が確定していないので、いろんな所持品を持っているし、差し入れもある。懲役囚とはちがい、服装も私服である。彼女たちの世話や、取り調べのための外出、裁判に出るための出廷などは、すべてここ和歌山刑務所の刑務官の仕事だ。

その朝、主任から「出廷についてくれ」と指示を受けた。被告人を迎えに行くと、もう部屋を出されて渡り廊下で出発の時間を待っていた。今日は彼女たちを裁判所に連れていく仕事だ。

被告人たちは三人、ピーチクパーチクとにぎやかだ。だが、彼女たちはうれしいのではなく、今から起こることに限りない不安を感じている。だから一時も黙っていられないというのが本当のところだ。

規則なので手錠をかけ、それを捕縄《ほじょう》でからだに結わえる。捕縄を使用する際の注意は、体からあまり離さないこと、捕縄の処理に気をとられず、充分本人の様子をうかがいながら行うことだ。これはどちらも不意の攻撃を防ぐためである。見た目にはひどい仕打ちと見えるかもしれないが、手錠だけでは両腕で襲われる可能性があると研修で教わった。

彼女たちもここへ来るまで、何度か手錠と捕縄のお世話になったはずだが、やはりこのわが姿にはやりきれなさを感じるのだろう。手錠をかけるとジョークが、いっそう声高になることでもわかる。

しかし、こっちだって何度やってもイヤな気分なのだ。それはわかってほしい。だから電車などでの移送の際には、手錠に何かを掛けて隠してあげる。そんな配慮を看守たちが忘れることはない。

準備をすませて専用バスに乗り込むと、さっきまでうるさいほど騒ぎつづけていた三人が、座席に座るなり黙り込んでしまった。裁判所までは約二十分程度。

この先どうなるのか——到着まで彼女たちは、さまざまな思いをめぐらせている。

ある日の出廷で、私は被告人の調書作成に立ち会うという仕事についた。

初めて裁判所などがある敷地内に立つ建物へ、手錠をした被告人を連れていく。何度か迷う。新米の看守である私の頭には、この敷地内の建物の配置が入っていない。

ひとめで刑務官と被告人であることがわかる姿をした組み合わせだ。なるべくなら人に道を尋ねたくない、そんな気持ちが先に立つ。手錠をしているとはいえ、施設外で被告人を連れてウロウロするのはやはり緊張する。

こうした場面で、事件の関係者に襲われて、彼女を奪取されたらどうしよう、などと、いろんな想像が頭をめぐる。丸腰の刑務官である私の心の支えは、若くて足が速いことと、空手で鍛えた腕と度胸くらいのもんだ。しかし、それも相手が男性、しかも確信犯的であれば仲間もいるだろうし、相当な覚悟と準備でかかってくるだろうから、ひとたまりもないだろう。

やっと目的の部屋へたどりつく。やれやれ、である。

部屋に入り、検事の前に被告人を座らせると、私は後ろのパイプ製のおりたたみ椅子に腰掛けた。あとはただひたすら待つ。長いときには数時間に及ぶこともザラである。

こぢんまりした殺風景な部屋に机がふたつ。検事は調書を作成するため淡々と質問をくりかえしていく。この日の取り調べは、おもに交通違反と銃刀法違反についてだった。よく聞いているとこういうことだった。

山田香苗被告は和歌山県の南部で数人の男を車に乗せ、警官の検問を無視して逃げた。当時乗車していた人間は、全員組関係だったうえに、車のトランクには拳銃や日本刀を積んでいた。

検事は色あざやかなおびただしい数の交通違反キップを机の上に置き、そのひとつひとつを読みあげた。違反の月、日、時間、違反箇所、内容を読み、そのつど彼女に同意を求める作業をくりかえす。違反キップは三十枚を超えていた。

長い髪をひとつに束ねた、やや小柄なその女性の後ろ姿が、パトカーを振り切り、すべての信号を無視してカーチェイスを繰り広げ、最後はパトカーに挟み撃ちにされて大捕りものの幕を閉じた本人だとは思いがたいが、事実のようだった。彼女は検事が承認を促すたびに一言の弁明もなく、「はい」と小さくうなずいた。

また、ある日の取り調べの順番待ちのときだった。廊下の左右に古びた長椅子がふたつ向かい合って並んでおり、その間にスタンド型の灰皿が置いてある休憩所があった。私は被告人を連れ、その椅子に並んで腰掛けていると、向かいの椅子に男性の二人組がやって来た。

背広を着たほうの男は、座るなり大股を広げて足を組み、タバコに火をつけると大きな煙を吐き出した。被疑者と刑事のペアらしいが、タバコを吸っているほうは相当ガラが悪い。

彼はもうひとりの男を「おめえ」扱いし、巻き舌であれこれ今後とるべき態度を指図している。言われたほうは、

「はい。はい、そうします」

といたって低姿勢を保っているが、話の内容から察すると、このおとなしい男こそヤクザらしい。顔だけ見てても刑事のほうが、よっぽどコワイ。不思議な光景だ。

看守、不覚の涙

別の日、勤務の配置板にはまた「出廷」と書かれていた。その日は公判への立会いだった。

裁判所の入り口近くに無造作に掛けてある黒板で法廷の番号を確かめると、私は被告人の小川美津子さんを連れて、階上へ上がった。

この日も何度か場所がわからなくなった。同じような扉が並び、迷路のようになった裁判所は何度行っても不安である。手錠をはめた美津子被告を伴って、やっと目的の部屋を見つけた時はもう時間がギリギリだった。私は背中にじっとりと汗をかいていた。

初めて入る法廷はガランとして数人が座っているだけの殺風景なものだった。

私と美津子被告が入廷するなり、パッとこちらを見た中年のふたりの男女が、彼女の身内だということに私はすぐ気づいた。

というのも、席に着く前、私は美津子被告の手錠をはずすため、小さな鍵をカギ穴に突っ込んだが、なかなかはずれず手間取ってしまったのだ。そのほんの数秒、極めて短い時間だが、その間、彼女の身内たちからの厳しい視線が、私の背中に突き刺さったままだった。わ、私を憎まないでくれ、手錠は規則なんだってば、今度は冷や汗がどっと噴き出した。手錠がはずれ自由の身となった美津子被告と並んで、硬く不愛想な椅子に座った私は、思わずホウッとため息をついてしまった。

裁判長が席に着き、公判が始まった。しばらくすると美津子被告の弁護人らしき男の出番が来た。彼が業界では有名な弁護士だということはあとで知った。歳は五十前後だろうか、髪は艶やかになでつけられ、恰幅の良い体型。そしてやや笑みをたたえた余裕のある表情。仕立ての良いスーツは、これまでの彼の人生がすべてうまくいっていることを雄弁に語っていた。

彼はおもむろに立ち上がると、大きな声で静寂を破った。

「裁判長！」

ここからが幕明けだった。弁護士は自分の依頼人である美津子被告の名を呼び捨てにし、まるで時代劇の大立者《おおだてもの》のように朗々と、いかに被告人がかわいそうで非力な女であるか、いかになすすべもなく罪を犯すまでに追いつめられたかというストーリーを語りはじめた。

「――美津子は、そういう女なのだ。そうだな？　美津子よ」

あるときは涙ながらに、あるときは怒りをこめて、まるで弁士のように抑揚をつけた大立ち回りさながらの演技に、私はめんくらってしまった。

だが、その口から語られた事実はとても重いものだった。


小川美津子被告は関西の地元の短大を卒業した。やがて二十六歳の時、ごく普通の銀行員であったサラリーマンとお見合いをし結婚した。でも、なかなか子宝に恵まれなかった。四年半もの不妊治療の結果、ようやく妊娠、そして三十歳で男の子を出産した。

ところが、分娩時のトラブルが原因だったのか、その子に軽い障害が残った。だが、夫、そして彼の身内は「お前の家系の遺伝ではないのか」と彼女を責めつづけた。それ以来、夫婦仲に亀裂が生じ始めた。

夫に女性ができたのは、それから間もないころだった。彼女は葛藤のすえ、男の子を連れ、家を出た。署名し押印した離婚届は台所のテーブルの上に置いてきた。夫は二人を探そうともしなかった。しばらくして離婚が成立した。

その後、二人は住まいを転々とする。昼間の勤めを始めたが、息子の障害が原因で、託児所も何度か変えねばならなかった。結果、彼女は昼は家にいられることを考え、水商売で生計をたてることにした。四歳になっていた息子を夜、アパートの一室で寝かしつけてから、近くのスナックで働いた。

初めてのホステス稼業に、最初はとまどいもあったのだが、そのうち慣れるようになった。ここで彼女はひとりの妻子ある男性と知り合い、次第に彼にひかれていった。美津子さんは彼との結婚を夢みた。この男とならば自分は幸せになれるのではないか、と本気で考えた。だが、二年の交際を経ても、その男との恋は成就することがなかった。男は突然に彼女との連絡を絶ったのだ。

美津子さんは三人で仲良く暮らせる日が来るのだと信じていた。初めて心から好きになった男だった。それだけに彼を失った打撃は大きかった。

その失恋の痛みはやがて、息子と自分の将来への絶望となり、そこに終止符を打つべく、彼女はアパートの一室で、息子を道連れにして無理心中を決行したのだった。

いつものように二人で晩御飯を食べ、いっしょに風呂に入ったあと、彼女は寝床ですやすやと眠る息子の首を、自らの手で絞めた。

やがて彼女の腕の中で子どもは静かに息絶えた。しかし、自分は死にきれず、こうして罪をつぐなうべく被告の身となり、法廷にいるのだった。

その全貌を知るにつれ、私の目に映る法廷内の景色はみるみるぼやけていった。気がつくと、私は人目もはばからずに涙を流していた。

孤独で貧しい子連れのホステスという美津子被告は、私の母のかつての姿だった。私は小さなアパートで幼い頃からひとりで夜を過ごし、母の足音を待ちわびていた。母は女ゆえの貧しさに加え、幼い子どもの養育を一身に引き受け、何度も路頭をさまよった。その私たち親子の姿を、その時、思い出したのだった。

美津子さんたち親子の行方に待っていたものが無理心中という、あまりにむごい顚末に、私は自分の体の中から、ほとんど反射的にこみあげてくる悲しみを、抑えつけることができなかった。どこにも救いのない、悲しすぎる結末だった。

たった一人の親である彼女を慕う、あどけない息子を手にかけた時の心中を思い、運命の非情さを呪った。女の悲しさを思い、神を呪った。私はもう、自分の立場などどうでもよかった。ただ、大声を上げて泣きたかった。

チラと検事席に目をやると、まったく違った空気がただよっていた。意外にも彼らは退屈しているようだった。空虚な視線は天井を泳ぎ、ボーッとした表情で時間が過ぎるのを待ちながら、彼らは席に座っていた。検事はこの弁護士のパフォーマンスを見飽きており、もうめずらしくもないのだろう。あるいは、ひとりの女の愚行に心を寄せるほど、まだ充分にナイーヴでないのかもしれない。

とにかく達者な弁護士による芝居の幕は、まだまだ降りそうになかった。

私はひとり硬い椅子の上で、「うー」と、わけのわからぬうめき声を発しながら、打ちのめされたように座っていた。

女としての受刑者たち

何かとトラブルの絶えない和歌山刑務所にも、母たる女がギッシリいる。入所したとき妊娠していて、ここで赤ん坊を育てる女もいる。所内には一軒の家がある。そこの母子室が疑似家庭の役割を果たすことになる。

私が病棟の仕事についていたときだ。出産して間もない親子がいた。いつもの投薬に、ミルクづくりがプラスされた。決められた量の粉ミルクを哺乳瓶に入れて湯を注ぎ、窓を開けて、部屋に入れてやる。

赤子をいとおしそうに胸に抱き、母乳のあとミルク瓶をふくませる母親である受刑者。一時、ここが刑務所であることを忘れてしまいそうな、何とも言えず平和な光景だ。

授乳が終わって瓶を返すとき、思わず、

「かわいいねえ」

と、私は声をかけた。

「抱いてみる?」

うれしそうにそう答えると、彼女は赤ん坊をおくるみごと窓から差し出した。危なっかしい手つきで、私はそれを大切に受け取ると、そっと抱いてみた。

小さな顔、小さな手、しっかりとにぎりしめた指。ほのかに香る乳の匂いでいとおしさが増す。こんなところでミルクを飲むこの子の運命は、どのようなものなのだろう。この子はこの先、どこで、どう生きていくのか。獄中の一室で、何も知らずにスヤスヤと寝入る赤ん坊。思わず将来を案じずにはいられなかった。


そのときだった。斉藤保安課長が見回りのため病棟に足を踏み入れたのは。こちらへまっすぐに歩いてくる。

「どう、具合は」

課長は産後の受刑者に声をかけた。

「ええ、ずいぶん落ち着きました」

そして、赤ん坊を抱いている私を見て、

「かわいいわね」

と、課長はにっこりと微笑んだ。

彼女の端正な横顔。若いころは相当に美人であったろうとしのばれる。いつまでも同僚たちになじめずにいる私に、機会あるごとに、

「早く昇進試験を受けて、ここから出なさい」

と励ましてくれた私の上司。

交替後、保安課に報告のため戻ると、課長が私を呼んだ。机の前に進み出ると、

「あのね、あれはしないほうがいいわよ」

「は？」

「赤ん坊。抱いたりしないほうがいいわ」

「はい」

「もしケガでもさせたらたいへんなことになるの。なるべくさわらないように」

「あ……、はい」

うかつだった。またやってしまった。自分の立場をまったく考えない行動だった。

刑務所には慰問団がよく来てくれる。歌やレクリエーションなど、バラエティに富んでいる。中でも印象に残っているのが、子どもたちによる慰問だった。

その日は休日だった。それまで病棟の仕事についていた私は時間になったので、受刑者たちを今日のイベント会場となる講堂へ移動させた。

すでにたくさんの受刑者が、整然と並べられた椅子に着き、今日は何を観せてもらえるのか、今か今かと始まりを待っていた。ふだん退屈な日々を送っているせいか、慰問のある日は朝からそわそわと落ち着きが無い。

こんな時、彼女たちは心なしか、いつもに比べてお洒落《しやれ》をしているように見える。しかし化粧品も持てず、服もいっちょうらの彼女たちにそれは不可能なこと。気持ちが華《はな》やいでいるせいで、頰がいくぶん紅潮しているからなのだろう。

やっと開演。場内が暗くなり、幕が上がった。

思いがけず、その舞台にいたのは幼稚園ほどの年恰好の子どもたちの一団だった。ちょっと緊張したあどけない表情、口もと。小さな手と手に、カスタネット、トライアングル、笛やハーモニカを携《たずさ》え、先生の指揮に合わせて練習曲を奏《かな》で始めた。

――ほんの一瞬の静寂があったかと思うと、その次に会場を埋め尽くしたのは、女囚たちの嗚咽《おえつ》だった。

そこにいた数百名の女たちが一斉に泣き出したのだ。ほとんど号泣に近いといってもいいほど、声を上げて泣きじゃくっている女性もいた。おかげで子どもたちの演奏は聞き取れなくなってしまった。

皆、子どもと別れ、家族と別れ、ここに来ている。遠い昔に抱きしめた記憶の中にある幼子が、突然目の前に現れたのだ。その動揺が、心に深く抑え込んだ家族への思慕をかきたて、いっぱいの堰を切るように、とめどもない熱い涙となって、女たちの頰を流れ落ちた。

その痛ましい姿に看守たちも胸をつかれ、ハンカチで目がしらを抑え、壁にもたれてジッと動かずにいるのが目についた。看守も女である。愛くるしい子どもたちの登場で、楽しいはずの慰問会場に嗚咽とすすり泣きが、いつまでも止むことはなかった。

ふだんはみんな明るく、おもしろい人が多い。でも、その背中にはかかえきれないほどたくさんの過去をしょっている。刑期を終え、ここを出たところで帰る場所がある人は少ない。いや、正確には帰ってこいと言ってくれる家族が、いないと言うべきだろう。刑務所帰りの女が戻れば波風の立つ家は少なくない。

私はアルジェリアの女たちを思い出していた。

アラブの女である彼女たちは、戒律で体を人目にさらしてはいけないとされ、白や黒のチャドルを全身にまとい、その姿で水汲みや床掃除、畑や牧畜の世話に至るまで、いつももくもくと働いていた。女たちが産んだおびただしい数の子どもたちの中には、白い肌、金髪で青い目の混血の子どもすら、混じっているのをよく見かけた。ついこの間までフランス領土だったゆえかと、複雑な気持ちになった。

一方、日本は比較にならないほど富める国である。しかし、アルジェリアの女たちとこの塀の中の女に、どれほどの違いがあるのだろう。社会の犠牲になるのはいつも女と子どもである。

刑務所には、身寄りもなく、毎年暮れになると、わざと問題を起こして、何度もここへ帰ってくる婆さんがいる。

「せんせー。また来たでー、よろしく頼むわなー」

くったくなく笑う彼女は、とうに七十歳を超え、八十に近い。

「あー、せんせらの緑色の制服見たら、ほっとするわ」

小さなからだにグレーの囚人服を着て、少ない白い髪をちょこんと後ろでおまんじゅうにまとめている。彼女は窃盗の常習犯だ。何度もつまらないものに手を出し、犯罪を重ねてはここへ送られてきていた。家族はいないと言うが、本当なのだろうか。

ここはとにかく雨と風がしのげて、食事の心配もない。正月には着物を着て、餅やおせちにまでありつける。彼女にとってこんないい所はないというわけだ。歯の治療も金がかからないからつねに予約でいっぱい。塀の外は高くつくから、中にいるうちにきれいさっぱり養生して元気に出所していく、ちゃっかり者は多い。

老い先短し。もう夢も希望も見栄もない女に、刑務所生活は極楽なのかもしれない。舎房が家に、看守が娘に見えるのだろう。哀れなようだが、そんな彼女を誰もせめることはできない。

彼女は今日も看守にこう言って笑う。

「はいはい、どうもすんませんなあ。よろしゅうたのんますわ」

エリート様のお通りだ

当時、保安課の斜め前の部屋に管理部長室があった。塀の中では一番エラいとされている人の部屋だった。ここにはいつも一見愛想のよいオジサンと思える部長が、何をするでもなく座っていた。つねに髪には櫛目が通り、ポマードのにおいがプンプンとしていた。いかにも毛並みのよさそうな、無論ここに座っているのだから、一流大学を出て、公務員としてはエリート街道まっしぐらのおかたなのだろう。この塀の中で男性といえば、この管理部長と保安課の主任のふたりきりだった。

彼に限らず、長のつく人で現場に精通している人は少ない。彼も例外ではない。ときおり思い出したように所内巡回をするぐらいだ。それも漫然と歩くだけで、管理部長がやってきたというので受刑者たちが一斉に下げる頭に、ん、ん、とうなずくか、ときには受刑者に冗談を言って笑わせたりする程度だ。まさに時間つぶしをしているようだった。

各課の長以上の人たちは公務員の上級試験で採用された面々である。すべて法務省のエライさんとして転勤をくりかえし、出世していく。もともと私たちとは入り方もコースもちがうのだ。ただ、当時保安課の課長は私たちと同じ刑務官出身。いわゆる現場のたたき上げとして現在の地位にいる異色の存在であり、現場を知り尽くした頼もしき存在だった。

各地への転勤を余儀なくされている部課長は、たいがい官舎の住人で、いわゆる家庭というものを持たない、持てない人々だった。前述の保安課長も独身であり、分類課長のように、たとえ伴侶があっても夫婦どちらも公務員の上級職で、長年別居結婚というケースもめずらしくなかった。

その日、私は病棟勤務についていた。管理部長が看守部長たちを何人か従えて見回りにやって来た。決められた通りこちらが敬礼をすると、彼は、ん、とうなずいて病室をひとつひとつ見回りはじめた。受刑者たちがつぎつぎにあいさつする。

「おはようございます、管理部長」

「部長さん、ごきげんいかがですか」

いつものスマイルで、ん、ん、とうなずき、時には軽口などを叩きながら進んでいく。そして独居房の高石さんの部屋の前に来たときだった。

「高石よ、ごきげんいかがかな?」

管理部長が愛想のよい声をかけたが、彼女は臥せったまま、頭まですっぽり布団をかぶり、身じろぎひとつしなかった。

脇に控えていた看守部長が気をきかせて声をかけた。

「高石、起きなさい」

だが、いっこうに起きようとする気配がない。彼女はいつもこうなのだ。まだ若いのだが、あまり話すこともしない女で、投薬の時以外はふせっていることが多い。かといって他に問題があったり、いつも不機嫌というわけでもなく、ときたま明るい声で時間など聞いてくる。こちらが答えると、

「ん。ありがと」

とすぐにまた寝床にもぐりこんでしまう。彼女の刑は重い。「誘拐・放火」の罪で、無期懲役刑を受けていた。

看守部長が、管理部長を気づかってイライラしながらさらに声をかけた。

「高石、管理部長がみえているのよ。起きなさい！」

「うるさいな、ほっといてや」

高石さんが布団の中から答えた。管理部長がそのとき、

「高石よ、ちょっとくらい顔見せてちょうだいよー」

いつものおふざけ調子で、ニヤニヤとねこなで声をかけた。そのとたん、

「いやや！　あっちへ行け！」

高石さんが甲高い声で叫んだ。

すると管理部長は、フン、と鼻でせせら笑いながら立ち去りぎわに吐き捨てるように、だが、はっきりと——こうつぶやいた。

「ブスが、かっこつけやがって」

その瞬間、高石さんのからだがガバッと布団から跳ね上がったかと思うと、

「なんやて、こらあ待てえっ」

そそくさと病棟を出ようとする管理部長を追って、高石さんが廊下に飛び出そうと窓枠に足をかけた。そこを、数名の看守たちがワッと取り押さえた。

管理部長の高笑いが病棟に響き、やがて遠ざかっていく。あとには高石さんの悲鳴にも似た怒号だけが、いつまでも廊下に鳴り響いた。


私はこのとき、たとえばここで立ち去ろうとする管理部長に「待て」と、声をかけ、かっこよく彼に謝罪を求めるなど、ドラマの一シーンのように、ヒーロー役を演じることはできなかった。

ただ呆然と目の前で起こった出来事を眺めている一傍観者として、そこにいるしかなかった。情けないが、これが現実というものだ。

管理部長のこのケースを、矯正の現場に働く者にあるまじき行為、そう言って切り捨てて

しまうのは簡単だ。だが、問題点はもっと深いところにあるのではないか。

いわば鉄格子の中の人間に対し、安全な高みから、このような心ない言葉を吐き捨てるという、恥知らずな行為を平然と犯す無神経さやデリカシーのなさは、一日にして直るものではない。この男には基本的な人間性というものがゴッソリと抜け落ちている。それは人間の皮をかぶったキツネというほかはない。

また、私はこれまで一度として受刑者に対し、面と向かって呼び捨てにしたことはない。入所と同時に丸裸にされ、体を調べられ、私服私物の一切を奪われ、灰色のペラペラな舎房着と歯ブラシなど、わずかな身のまわり品しか許されないという、人間としての一筋の誇りすら保ちつづけるのが難しい受刑者という存在。ゆえあって囚われの身となった彼女たちへのせめてもの尊厳の証として、私は彼女たちを「さん」づけで呼ぶ。だが、おエラ方の受刑者に接する態度の中に、そうした配慮が感じられることは極めて少ないように思えてならない。

このような人物までもが通過してしまう公務員上級試験とは、どのようなシステムなのだろう。そして彼がこれから駆け上がって行く出世街道とは――。

関東ヤクザ、真夜中の決闘

お気の毒上司は、もうひとりいた。

背が低く太っていて、ゲゲゲの鬼太郎のような前髪をした中年の独身女性、保安課係長の松本さんがそうだった。

関東出身なのか、関東での勤務経験が長いのか、受刑者を叱るときには、いつも眼鏡の奥に鋭い目を光らせ、

「てめえ！　ふざけんじゃねえっ！」

と東京弁でまくしたてる。だが、うってかわってふだんは非常に寡黙に、淡々と仕事をこなす不気味な存在だった。

かなり酒を飲むらしく、酔うとかなり乱れるとも聞いていた。彼女とはあまり話もしたことがない上に、なぜか私をお嫌いのようで、一度も宴席のお誘いを受けたことがないため、よくは知らなかった。

悪夢はある夜遅く、私が外出先から車で帰宅したときに始まった。いつものことで、した

たか酔っている亭主に代わって私が運転をし、彼は助手席で眠りこけていた。

自宅である官舎の前の駐車場に車を乗り入れると、スポットライトに誰か人の姿が浮かび上がった。私の家の玄関戸を叩いて、大きな声で何か叫んでいる。

「おいコラッ、出てこい！　いないのかあ！」

その声には覚えがあった。松本係長だ。

こんな夜中に人の家の前で何をしているのか。わが目を疑ったが、なおも激しく彼女は戸を叩きつづけ、叫ぶのをやめない。

どうやらやっかいなことが起こりそうだ。イヤな予感がした。するとその時、助手席からも声がした。

「何やってやがんだ、あの野郎」

吐き捨てるようにそうつぶやくと、車のドアに手をかけ、勢いよく外に飛び出していった。まずい。もうひとりのやっかいな人間が、わが家の異変に気づいたのか、目をさまして動きだしたのだ。酔っていてもこういう場合の動きはなぜかすばやい。

あれは野郎ではなく一応女で、それも私の直属の上司なのだが、そんなことはもと大学空手部主将の、このケンカ好きな男にはどうでもよいことだった。予想される事態は史上最悪であった。私も続いてその後を追った。

「てめえ、こんなとこで何やってやがんだっ、誰だテメーはっ」

まずは得意の巻き舌で先制攻撃をかけたのは、うちの夫のほうだった。

「おおっ、やっと出て来やがったな、てめえが亭主か。あたしゃ保安課の係長だっ。あんたのニョーボの上司だよっ」

相当酔っているらしく、大男ににらみつけられても係長は一向にひるむ気配を見せない。

「それがどうした、何しにきたんだてめえはっ。サッサと帰りやがれババア！」

「なにい、おめえらふたりともふざけてんなっ、この悪党ども！」

和歌山のいなか町の寒空に、なぜか関東弁が飛び交う。どちらも足元がおぼつかないほどヨロけているものの、口は感心するほどよくまわる。

私はしかたがないのでとりあえず「やめて、やめて」と、両者の間をひとり行ったり来たりして止めに入るふりをしていた。

が、ひたすらむなしい所業だということは、頭のどこかで充分に理解していたのだろう、力が入らないことおびただしい。

とりあえず、というのはやはり迫力に欠ける。胸の内は、このふたりをここに残してサッサと家に入り、熱いコーヒーを入れ、ベッドで好きな本でも読みたい気持ちでいっぱいだった。目の前の二人はさらにエスカレートしていった。深夜の町におかまいなしの怒号が響く。

「こらあ、このクソババア、ぶっ殺すぞっ！」

「やってみろっ、じょーとーじゃねーかっ」

よくよく考えればなんでこんなとこに、こんな時間に、うちの課の係長が目の前にいて、私のダンナと大ゲンカしてるのか、さっぱり事情が飲み込めない。

ただ、考えられることがあるとすれば、この係長は、やはりふだんから私のことを快く思っていなくて、酔った勢いでイヤミのひとつでも言ってやろうと、ここまでやってきたのではなかろうか。

そこへ運悪く、この似た者のダンナとカチあって、世紀のタイトルマッチが始まったというシナリオ、てとこだろう。もう勝手にせい、ふたりで殺し合えば日本のためだ。

そして夜が明けた。このケンカがどうやって収まったか覚えていないところをみると、私も少しは動転していたのかもしれない。

翌朝の保安課では、いつものように松本係長が、いつもの席で書類に目を通していた。何らかの都合によって、デス・マッチにはいたらなかったことだけは確かのようだ。

私があいさつをしながら保安課に入ると、係長はチラリと目だけを上げて、何事もなかったかのように、

「おはよう」

と答えると、いつものように再び書類に目を落とした。

外はぬけるような青空。ふだんどおりの朝がまた始まろうとしている。

上司の適正試験というものが早くできますように、と願いつつ、私は配置板に従って早足で交代に向かった。

『長い午後』に寄せて

私が現場で働きはじめたころ、所内で何度か新聞記者から取材を受けたことがある。ある時は空手の国体選手に選ばれたことを記事にするため、そしてもうひとつは女子刑務所のルポを書くためにインタビューされたことだった。この時やって来たのは早瀬圭一氏、その後彼はこれらの取材をまとめ、『長い午後』(毎日新聞社刊)として出版した。

ある日、私は保安課長に呼ばれた。

「記者の方がここでの仕事について、あなたに聞きたいことがあるそうです。自由にしゃべってけっこうですから」

そう言われた私は、なにやらワケのわからないまま、彼女の後についていった。たどり着いた狭い部屋では私と早瀬氏、そして私のすぐ後ろには保安課長がデンと控えているといった按配だった。彼はさっそく大学ノートを開きながら、いくつかの質問を始めた。

十分間も質問に答えたであろうか、やがて彼は私の返答に失望の色を隠しきれない表情でこう言い、ぱたんとノートを閉じた。

「どうも。非常に模範的なお答えで」

直属の上司が後ろに座っていて、新米の私に何が答えられるだろう。こうして今、文章を書いていると、何ともいえずにがい気持ちでこのことを思い出した。この本のテーマや、彼がこの作品に求めていた意図のようなものについて、もっと事前に説明がほしかったというのが今の率直な感想である。

あとになって彼のこの本を読んでみると、保安課長をはじめ、多くの矯正の現場にたずさわる人間の、公私に及ぶ細かな背景、心情まで非常に深く掘り下げ、上手にまとめていたことがわかった。よくここまで肉薄したものだと感心もした。この作品がかなりの時間と労力をかけて取材されたものであったことを、残念ながら私は十五年もたってから知ったのだ。

ただ、同時にこの本から感じとれるのは、矯正の現場で生きる女性たちの人生の、いわば初期設定ともいえる「運命」の共通性である。温かい家庭、いわゆる母としての幸せ、そうしたものとは無縁の「おいたち」が、好んでそこに集められている。

たしかにこのような女性の多いことは認めるが、かなりの力作である反面、全体として頭初から物憂げなムードがただようタッチで仕上げよう、そんな意図があったと思われてならない。

彼が取材を進めるうえで、そう感じとったことを素直に出したのか、はなから「女の刑務所イコール暗く、悲しいもの」というイメージを先行させるつもりでいたのか、それは定かではない。看守をはじめ、ここにかかわる誰も彼も不幸な女たちふうに描いているのは、いかにも世間好みに迎合したやり方のように私には感じられ、切《せつ》ない思いがした。

彼はいったい私に何を語ってほしかったのだろう。今でも考えることがある。もしかすると、あの取材時にも、私は彼の質問や取材態度から、ある意図を感じた結果、答えがぞんざいになったのかもしれない。「人生いろいろ。明るく生きましょ」がモットーの私は、こうしたアプローチは好きではない。小さな反発心が私の言葉をかたくなにしたと言えなくもない。

さらにもうひとつ言っておきたいことがある。先出の、独居房の中の女子受刑者に向かって暴言を吐いた「管理部長」が、早瀬氏の文中では「明るく、百人もの部下を引きつける力は抜群」とホメちぎられていた個所を見つけて苦笑した。新聞記者としての取材では到底知りえないものがあるのだ。共に仕事をしてこそ見えてくるものが、確かに存在する。立つ位置によって物の見え方には、いろいろあるという見本のようなものか。

結果としてこうして私なりの刑務所記を出すことになったのも、彼の本がどこかで原動力となっているのだろう。あの時、若かった私が語れなかった思いをこうして綴ることで、私はこんなことを感じ、あそこで働いていたんだということを、同じ時代、同じ場所にいた彼に伝えたかったのかもしれない。

結局、早瀬氏の本には予想通り私から取材した内容は文面に出ず、私が看守のモデルとなり、舎房の前に立つシルエット写真のみがカバーに使われ、本を飾ることとなった。あれが私だということは誰も知らないだろう。これも不思議なご縁といえるだろうか。

保安課長のゆううつ

私が当時の保安課長に、いろいろ精神的に助けていただいたことについては、すでに書いた。しかし、二年に満たない私の短い刑務官生活の中で、この人が先にここを去ろうとは思ってもみないことだった。

彼女の転勤は突然やってきた。彼女の凛《りん》とした強さ、美しさは今でもその横顔をくっきりと思い浮かべることができる。その後の環境のちがいから、今ではもう便りも途絶えてしまったが、しばらくは機会あるごとに音信を出させていただいた。

そして、後任の青木課長は少年院の現場からやってきた。

またしても独身、官舎の人となった。時期としてはちょうどこの課長が着任したとほぼ同時に、私は突然の入院をし、それをきっかけに私のリタイヤに向けてのドタバタが始まったので、結局現場で彼女の指揮を仰ぐことは、ほとんどなかったと記憶している。

青木課長はいたって「まともな」人だった。極めて普通の感覚の持ち主だったので、ここ和歌山刑務所に働く人々の一種独特の空気に、すぐ気がついたようだった。

着任後の多忙なときに、何度か私の入院先を見舞っていただいたが、その時期、彼女はあの保安課でずっと孤立していたのではないかと推測する。その寂しさが、単なる新米の一ヒラ看守にすぎない私の元に、それも決して近いとはいえない田舎の病院に、彼女の足を何度か運ばせたのではないかと思う。

私の病室でポツンと椅子に腰掛ける青木課長は、実際とはちがって小さく見えた。彼女のそのときの心情は、こうしてあの職場の雰囲気になじめず、とうとう入院騒ぎにまでいたってしまった私には痛いほどよく理解できた。

立場上、彼女は多くを語らなかったが、ときおり言葉少なに発せられる職員たちに対する質問には、青木課長の心情がありありとうかがえた。

私はそれらの質問に対して思うままを正直に答えた。それは私がこれまで抱いていたさまざまな思いを、同じ現場の人に打ち明けることができたはじめての瞬間だった。それも相手は保安課長。あそこで私が体験したこと、同僚たち、そして上司たちが私に、そして受刑者たちにどう接してきたかを次々と打ち明けた。青木課長はときおりホウ、とため息をついた。

ある日は彼女がホンネに近い気持ちを漏らすこともあった。

「なんだか……へんなの。なぜかうまくいかなくてね」

それはあの時期ではおそらく私にだけ、いや私が置かれていたような立場の人にのみ、見せることができた弱音だろう。そう、その通りだが、あなたがおかしいのではないんです、と私は何度もうなずいた。

いまだ職員同士のイジメや村八分、人権無視が横行するけったいなところ。ねたみや嫉妬、誹謗、中傷のウワサ話がすぐ花を咲かせ、普通の神経の持ち主では耐えられない場所。赴任当初は輝く目を持っている誰もが、ここ和歌山刑務所で仕事を始めたとたん、暗く沈みきっていくのを私は何度も見てきたんです、と。


「これはなぜなのだろう」と私もこれまで考えつづけてきた。もちろん私の個人的な誤解もあるかもしれない。が、もっと根本的な改革が必要なのではないか。イキイキと職員たちが前向きに、精力的に矯正の仕事に取り組めるようにするためには、新しい風を入れ、何か大きな力で根底からこれまでの一切のやり方を、見直す必要があるのではないだろうか。

たとえば施設をはじめとするハード面、職員たちの給与体系を含めた待遇、制服、教育、福利厚生、住環境などのソフト面、どれひとつとっても、直接社会の目に触れる警察などに比べて、まったく力が入れられていない。とくに夜勤の回数の多さ、その労働内容、労働環境の過酷さは完全に世間の目をあざむくものだ。これでは今後も優秀な人間は集まらない。

外には見えないからといって、粗末に扱っていいものか。矯正の現場で働く者たちがプライド、誇りを持って仕事にうちこめない理由はこのへんにあるはずだ。これらがとくに和歌山刑務所に顕著なのは、施設自体の古さと相まって、保守王国という土地柄、ここにも旧態依然とした固定化、形骸化した体質がいまだに根強く残っているからだろう。

断っておくが、残念ながら実際現場に働く人々には、それらを改革しようなどという余裕はない。グチをこぼすことはあっても、実際にはただ目の前にある分刻みでビッシリと書き込まれた勤務表を、日々こなすので精いっぱいなのだ。ひとことで言えば、刑務官はいつも疲れている。かといって、看護婦のように白衣の天使などと感謝される機会があるわけでもない。おまけに人手不足からくる激務で、まとまった休暇もとれない。人と出会う場も少ないため生涯独身者が多く、自ずから世間を狭めることになる。

そして管理職たちは次の転勤だけを心待ちにして、とにかくそれまでをここで穏便にやり過ごす。私がここに配属されたのは何かのまちがいなのだと、矯正への情熱よりもただトラブルだけを恐れる、わが身可愛さだけの上級職公務員は決して少なくない。

職員がこのような意識や環境の中でしか働けないとしたら、はたして本当に矯正という仕事ができるのだろうか。罪を贖う者たちの心の支えとなりうるのだろうか。

もしも法務省のおエライ方が、この拙文を目に留めてくれればこのうえなく幸いだ。これらは私が一番声を大にして言いたい、この本を書いた理由でもあるわけだから。

さらに重ねて言う。もっと刑務官を大事にしてくれ。実情を把握し、理解し、早急に改善策を練ってくれ。

しかし、当時の私はどうすればみんなが幸せになれるのか、何の具体的方策も、考えも持ちえない、ただのできの悪い看守にすぎなかった。

青木課長、どうか頑張ってください、耐え抜いて和歌山刑務所に明るい保安課を作る原動力になってください。それが何より受刑者たちのためでもあるのですから……。私の病室を出て、ひとりバス停へと歩く青木課長の後ろ姿を、私は祈るような気持ちで見送るほかはなかった。

リタイヤ

刑務官になってから、二年近い日々が流れていた。

私より数ヵ月あとに拝命し、いっしょに初等科研修に行った福井さんが退職することになった。彼女はいつか辞めるだろうという予感はあった。この仕事になじめない、と日ごろ親しい相手にもらしていたからだ。

最後の日の朝、福井さんが荷物をまとめるために待機室への階段を駆け上がってきた。私はこれから勤務につくため、制服を着て、帽子をかぶりながらたまたま階段を下りるところだった。

鉢合わせしてハッと上げた彼女の顔は、みちがえるほど明るさに満ちているではないか。いつも暗い顔をして所内を歩いていた猫背の彼女と同じ人とは思えないほど、その表情は輝きに満ちていた。私と目が合うと、福井さんはニコッと微笑み、再び軽やかに階段を駆け上がっていった。

どうしたことか。このとき、私はとてもつらい思いがこみ上げてきた。普通は辞めて去っていく彼女のほうが、沈痛な面持ちであっても不思議はない。なのに、私のこの感情はどういうわけだ。

一気に落ち込んだこの気持ちを、私は認めないわけにはいかなかった。無視できるほど小さなものではなかった。そのままその日の担当場所についたものの、もう仕事どころではない。私はここを永久に去ろうとしている彼女が、うらやましくってうらやましくって、いてもたってもいられなかった。たまらない気持ちだった。

私の心はすでに福井さんといっしょに、この塀の外へと勢いよく飛び出していた。その思いの強烈さに、むしろ自分自身が驚いたほどだった。そんなにイヤだったのか、こんなにも、もうこの仕事に嫌気がさしていたのか、と。

この日のことは、やがて私にも必ずその日がやってくるという確実な予感となって私の心に焼きついた。


そしてその日は、意外にあっけなくやってきた。

朝、私は内外掃班についていた。突然、強い疲労感が私のからだを襲った。我慢ができないほどにそれはひどく、立っていることができなくなり、ついに私は内外掃の小屋の前にあったベンチにゴロリと横になってしまった。

「先生、大丈夫？」

受刑者が口々に声をかけてくれた。彼女たちの前でこんな醜態をさらすなんて、とんでもないことにはちがいないのだが、もうそんなことなどどうでもいいほど、私の頭の中はグルグルと回っていた。どうしたんだ。こんなことははじめてだ。私の体はいったいどうなってしまったんだろう。

私はベンチで目を閉じたまま、ここ数ヵ月、体調がおかしかったことを思い返していた。このごろ夜勤の最中に、突然熱が出る。それも高い熱で、三十九度近い高熱が短時間だけ出る。しかし朝には平熱に戻っていた。その他にも不審なしっしんが胸の上にできた。痛くもかゆくもない。ただ、そこだけザラザラとした円形のしっしん。

そしてもうひとつ、大切なことを忘れていた。私は刑務官として拝命されて以来、一度も月経をみていなかった。約二年の間、生理が来ていないのだ。もちろん気がつかなかったわけではない。そんなことにかまっている精神的余裕など、まったくといっていいほど持ちえなかったのだ。むしろ、それを便利なこととしていたくらいだった。

やっと交替の看守が来た。わけを話して、持ち場を後にした。内外掃の人々がそれぞれに言葉をかけてくれ、手を振ってくれた。私はそれが彼女たちとの最後になることを、心のどこかで気づいているような感じがしていた。

保安課に入り、主任の前に進み出て事情を話した。すこぶる具合が悪い、帰らせてくれ、と。彼は予想通りけげんな表情をした。こういうふうに急病人が出ることは施設側にとっても恐ろしく具合が悪い。配置表を組み替えねばならない。

誰が私のあとを埋めるのだろう。でももうそんなこと知ったこっちゃない、私は気力だけでなんとか立っているのだ、今大事なのは自分の体なのだ。

白髪まじりの、すでに中年を過ぎた男性であった主任は、悲しげな面持ちでゆっくりと立ち上がった。やがて私の額に手をあて熱を確かめると、次には私の手の脈をとるしぐさをした。

何をやってるのだ。医者でもないのにふざけるな。子供じゃあるまいし、仮病《けびょう》だと思っているのか、私の言うことを信じないのか、今まで安い給料で一生懸命やってきたじゃないか。からだのつらさと相まってムカッ腹が立った。

めでたくもこの急病人は、しばらくしてやっと放免となり、家に帰り着くことができた。夫に連絡すると、彼はいぶかりながらも、とある大学病院にさっそく私を「連行」した。

その日、担当だった若き医師は幸いバランスのとれた診断をする人物であり、誠実で思いやりのある処置を施してくれた。そこで下された診断は本当ともウソともつかぬものだったが、私にとっては地獄で仏に会ったようなものだった。

「忙しすぎるね。スポーツと、仕事と、家庭との三本柱は無理がある。それもスポーツは全日本クラス、仕事は刑務官、ご主人は難しい人なんだろう。どこで息抜きするんだ。もっと自分のからだを大切にしなさい。どれかをあきらめるべきだ」

この医師はたまたまスポーツ好きな人であり、国体などに出場していた私の顔を、新聞で見ていたらしい。そして狭い田舎町のこと、私の夫に関する評判も聞いていたようだ。実際、おしどり空手家としてNHKテレビに登場したこともある私たち夫婦だ。そのことを知っている人は、この町でも少なくなかった。私はこの医師に会えた偶然に心から感謝した。

私はこの医師の配慮で、郊外にある産婦人科の病院にしばらく入院させてもらえることになった。入院のほうが病気休暇をとりやすいこと、刑務所とほんの数メートルしか離れていない官舎に住んでいること、夫とうまくいっていないこと、それらの理由で、家ではゆっくりできないだろうとの判断からだった。

私には何よりありがたい処置だった。当時、やっと世間に「心身症」という言葉が知られはじめたころだった。この時期、精神面を重視してくれる医師に出会えたことは幸運といわねばなるまい。

翌日、入院じたくをすませた私は、紹介を受けた空気の良い郊外のこぎれいな病院に、自分ひとりで車を運転していった。つきそいはなし。精神的ストレスで病院に逃げ込む弱者をいたわってくれる家族を、当時の私は持っていなかった。

着替えをつめた紙袋をひとつかかえたきりの私を、事前に連絡を受けてはいたものの、私が病名のはっきりしない患者だったからだろう、若い看護婦がとまどいながらも迎えてくれた。私はここ二年ほど——刑務所に勤め始めたころから、体に確実に変調をきたしていたのだ。

高校を卒業した年に結ばれた夫から、その後、受けてきた暴力は、今やますますひどくなる一方だった。私さえ我慢をすればなんとかなるのではないかと耐えつづけることも、どうやら限界がきたようだった。

夫の暴力は時に数時間におよび、真夜中に救急車で病院に運ばれたこともあった。だが、治療さえすめば、私はまた夫のもとへ帰された。誰も私を助けてくれなかった。

職場ではつねに孤独を感じ、趣味であったはずの空手の試合も、国体に出場するようになってからは、周囲のプレッシャーばかりが押し寄せ、もうすっかり楽しめなくなっていた。

そんな時、気持ちが不安になり始めると、大量の食べ物を一気に胃に詰め込み、そしてトイレですべて吐き戻す。それで気を紛らわせることを私はおぼえた。食べ物を口にしている間だけは、何もかも忘れられるような気がした。

やがてそれはどんどんエスカレートし、自宅にいるときのみならず、仕事中、外出先を問わず繰り返すようになっていた。だが、血糖値が急激に下がるせいだろうか、その直後は決まって心臓の鼓動がドッドッと高鳴り、強い疲労感と罪悪感で、しばらく身じろぎもできなくなるのだった。

何かが私の中で悲鳴を上げていた。こんなことなどホメられたことじゃないのは頭ではわかっていた。だが、どうにもできないと思っていた。

眺めのいい、こぢんまりとした白い部屋、清潔なベッドが与えられ、私の心はひさびさにウキウキとした。これでもう、二度と刑務官の制服を着ることはないと、心のどこかで知っていたからかもしれない。そして、私を苦しめる夫もここにはいない。

荷物を下ろし、白いシーツにそっと身を横たえてみた。このとき、私はひょっとして生まれてこのかた、一度も安らいで眠ったことはなかったのではないかとも感じた。

ひとり病室の白い天井を見つめながら、やがて私はこれまでの人生に起こったさまざまな出来事を、ゆっくりと思い返していた。

私はずっと、しかたなく、生きていた。

母は、十代で未婚のまま私を産んだ。母が、子連れで正式に結婚したのは、私が小学校二年生のときだった。あろうことか、私はその義父から虐待を受けた。それは十一歳、小学校五年生の時に始まった——性暴力という形で。そして私が高校を卒業して家を出ていくまでの七年間、その男と同じ屋根の下で暮らさねばならなかった。

その時期に負った深い痛手は、その後も、私が幸福になるのを許そうとはしなかった。家から離れることができても、今度は今度で酒を呑んでは暴力をふるう男と、所帯を持つ羽目になってしまった。私は再び幸せとは無縁の家庭の中で生きていた。


これまで私は自分をいじめてばかり、つらい目に遭わせてばかりいた。私は幸せになってはいけない、とかたくなに信じ、それを実行してきたのだ。

心配をかけるほど頼りがいのある家族に恵まれなかった私は、グレて遊びほうけ、人に迷惑をかけてウサをはらすこともかなわなかった。

私にとって「非行少年」という人種は、ただの甘ったれだった。悪いことをしてあてつけたり、反発できる相手がいるなんてずいぶんマシじゃないか、と思っていた。そんなことをしたぐらいで気が晴らせるほど、単純じゃないんだと、私の立場を深刻に思っていた。

私はまだ二十歳を少し過ぎたばかりだった。だが、自分はもう百年近くも生きつづけている老人のように感じていた。毎朝、目をさますと同時にこう思った。

「なんだ、まだ生きてるのか」

そして、自分の人生が自分のものではないような気がずっとしていた。こうして大人になった今でさえ、私は自分の中にひとかけらの自我と自尊心の存在すら感じることができずにいた。

自分を守ることさえできず、死ぬことも狂うこともできない傷を負った羊にとっては、残りの人生のほうがはるかに長く感じられた。そして自らの意思もなく、ただ流浪しつづけていた。私は自分の生命をもてあまし、途方にくれる哀れな羊だった。

静かな時間が流れていく。今、何もしなくてもいいし、誰のことも気づかわなくてもいい。こうしてゆっくり休んでいてかまわないんだ。

自分をいたわる——なんと素敵で、楽しく、豊かな行為なのだろう。

今夜は何も心配しなくていい。誰も私をいじめない。この安全な場所でひとり眠れるのだ。そう思っただけで私はワクワクするのだった。

さよなら、刑務所

入院から数ヵ月後、私は退職の手続きをとるため、私服で刑務所の門をくぐった。

数十分後、私は殺風景な庶務課の応接室で、庶務課長の前に座っていた。

まだ若い彼の表情には、私に対する落胆と軽蔑の色がありありと見えた。

「職場を途中で辞めるということは、負けることだ。君は負けたんだ」

イライラと何度も私にそう言いつづけるエリート課長の脳裏は、この突然発生した人員不足をいかにして補うかの策を、早急に講じなければならない苛立ちとわずらわしさでいっぱいのようだった。

辞めていく一職員である私の感情などは、どうでもいいことらしかった。こちらとて一刻も早くこれらの行事を終えたいと、その瞬間だけを待ちわびていた。

その後、慣例にのっとって保安課へあいさつに向かうため、通いなれた鉄の内扉をくぐった。

その日の塀の中は平和で静かだった。日本はリタイヤする者にとりわけ厳しい社会だ。辞めると決まったとたん、潮が引くように人々は距離をおき、よそよそしくなるのはなぜだろう。遠巻きでチラチラと私に注がれる職員たちの視線を背中に感じながら、私はそう考えた。ただ、あの新任の青木課長だけが、その目に同情をたたえているように感じたのだが、ちがっただろうか。

それから待機室に向かうため、二階への階段を上った。そこには古びて見慣れたドアがあった。

何度この部屋に出入りしたことだろう。炎天下で立ちつくす内外掃勤務。しんしんと冷え込む雪の舞う夜。夜中に目を覚まして夜勤の仕事を始める、あの独特の疲弊感と孤独感。あるときはロッカー室で涙をこらえ、あるときは棒になった足を休め、わずかな休憩時間にコーヒーをすすってまた帽子をつかんで飛び出していった日々。

もうすでに何もかもが懐かしくなり始めていた。意外だったのは私を嫌っていた仲間が、少しだけバツの悪そうな表情を見せていたことか。でも、もう終わった。じきに思い出になる。

たった二年間だが、青春を過ごした所内の風景をながめて歩きながら、私は自分がなぜ刑務所で働かねばならなかったのか、わかり始めたような気がした。

私は自分が何をしているか、どのように生きているかを知る必要があった。

人間は年齢に応じて体験を積むべきなのだ。その時期ではかかえきれない出来事に出合うと、人は感情というものを葬り去ることで自分を守ろうとする。

そうして私が悲しみというものから目をそむけ、同時に喜びからも心を閉ざしはじめてから、もうどれくらいの年月が経っただろう。

表面的には「強い人」としか映らない人種も、それは強いのではなく、感情が「マヒ」しているだけなのかもしれない。その人は哀しいとか、つらいなどの心からの自然な叫びを無視しつづける。つまり、自分の気持ちを犠牲にするというやり方に、慣れているだけなのかもしれない。

私に欠けている、何か重大なものがひとつだけあるとすれば、それは自分自身に対する「愛」だった。自分を愛せない者に、何か別の対象を愛せるはずはなかった。その証拠に、仕事、結婚、人間関係、私はこれまで何ひとつ身につかない人生を重ねてきた。

総じて受刑者というものは、自分を大切にしない人たちと言えるだろう。そういう意味では、この私も完璧に同類だった。そして、それを教えてくれたのは、他ならぬ——彼女たちだった。

犠牲者の役を演じつづけるのは、もううんざりだった。同時に、不幸を求めつづける哀しい人生も、もうこれきりにしたいと強く思い始めていた。

これまで、私をこういう目に遭わせてきたのは、ほかでもない「私自身」、まさにこの人、この人間そのものだったのだと——やっと、気づいたのだ。

私は自分への接し方、人生に対するこれまでの取り組み方、そして取り巻く環境をも含め、すべてを根本から変えてしまう必要性にせまられていた。

結局、私はその後、仕事と、十三歳からずっと続けた空手と、七年続いた結婚のいずれをも捨てた。何かを得るためには、何かを捨てねばならない。

私は、私の刑期を終えたのだ。そして刑務所を出所し、塀の外へ出た。

受刑者たちがそうであるように、過去がどうであろうとも、記念すべき再出発をめざす者には神の祝福があるにちがいない。

前科者のように、誰も私を知らない新しい町で、私はもういちど人生を、いちからやりなおすために、次の一歩を踏みだすことにした。

若く、新米で、お人好しの看守が、海千山千の受刑者たちにコロコロと騙される、もしくは感情移入して泣いたり笑ったりするさまは、はためにはいかなるものか。このくらいの年月を経ると、むしろこの看守が自分ではなく、まったく別の人格のように思えてくるのもおもしろい。

ただ、冤罪事件、徳島ラジオ商殺しで無実ながら罪を負った富士茂子さんが、かつて嘆かれていたことだが（彼女は和歌山刑務所で十三年の懲役刑を務めた）、犯したとされる罪の内容によって看守が受刑者に冷たくする、などという愚かな行為を、私は一度として行ったことはない。

その人がそこにいること、これこそが罪をつぐなうことなのであって、看守や職員が代わってその責めを行うのは本筋ではないと考えるからだ。

それでなくとも塀の中では誰もが傷持つ身。少しでもやさしく接してあげたい、自分くらいはこの人の、人間としての尊厳を守ってあげたいという気持ちが、当時の若かった私にもはっきりと感じ取れたのは、うれしいことだ。

私はこれを書きはじめるまでに、約十年の年月を必要としている。刑務所を退職し、新しい生活を始めたと同時に、それまでの数々の記憶をなんの調理も施さず——まるで食材をそのまま冷凍庫にでも放り込むかのように——すべてを凍結させ、心の奥深くにしまいこんだからだ。

製造された直後はまだ飲めないが、時の経過とともに成熟し、バランスのとれた甘美な味わいとなり、人々の口へと注がれるワインのようなもの、といったらこれもたとえが良すぎるか。

人はかかえきれない悲しみに出会うと、パンドラの箱のようにそれを封じ込めてしまうことがある。

消し去るのではなく、封じ込めてしまうという表現になるのは、決して消えてなくなってしまうものではないからだ。忘れたように振る舞っても、数年、ときには数十年の年月を経て、それは鮮やかに蘇る。

人は記憶というものを、からだのどこかに刻み込んで生きているものなのかもしれない。たとえそれらが十三、四年前の出来事であっても、不思議なことにある部分を書き出すと、当時の記憶が次々とよみがえり、人の名前にいたっても鮮明に思い出せるということを何度も体験した。

ただ、意識的に思い出したくないことも多かった私は、章によっては書くことは気が重く、なかなか勇気と根気のいる作業となった。

いろいろな人について書いた。なかには悪口のようになってしまった人もいるかもしれないが、仕事を離れたところでは、皆いい人だったのだろうと思う（本当に）。

ここにも徹底して人を嫌いになることができない私が見え隠れする。特定の人をかけねらしに恨む、憎む心そのものは、むしろ自己愛の強さからくるものなのだろうが、そういう「強さ」を私は持ち合わせていない。

さまざまな境遇に生まれ、いろいろな障害や苦悩を乗り越え、生きるという体験をする、「人生」というレースに参加している者同士、互いにがんばろうと励ましあうことはあっても、その背中に心底相手を非難、否定する言葉を投げつけることは私には難しい。どんな人生も深い意味と目的を持っていると思うからだ。

「どんな人生もいいものだ」。このひとことを言いたくて、私はこの本を書いたにちがいない。

この本は、私の青春時代の軌跡を、塀の中で出会った女たちとのストーリーという形で集約したものだ。

振り返ってみると、このころまで私はほとんど受動的に生きている。カッコよく言わせてもらえば、運命に翻弄された生き方とも言え、ちょっとカメラをひいて見てみると、目の前に来るものが何であれ、何の恐れも不安も持たずに、そのまま受けいれることをよしとしてきたように見える。

まるでそうしなければならないと、決めつけていたかのようにそこに巻き込まれ、そして深く傷つき、その結果無意識のところで私は自分を守るため、悲しむことを忘れて生きることに決めた。

それは一見強く見えても、感情と向き合うことを恐れたなげやりな生き方でもある。自分をいじめるも、精神を病むも、暴力に走るも、ともに根は同じだからだ。

塀の中の女たちには、必ずといっていいほど男の影がつきまとう。さまざまな男の身勝手さ、幼児性ゆえに、ここまで流れてきた女は少なくない。

私は刑務官として勤務しながらいつしか彼女たちに自分の姿を重ね、やがてわが身の愚かさに気づき、やっとそこから逃げ出す決意に至った。前夫への決別は精神的に未成熟な男たちの犠牲者となりつづけた私の半生に、自ら終止符を打った記念日ともいえる。

「もう傷つくのはごめんだ。被害者の役を演じるのはこれっきり。私は幸せになる価値があり、自分を幸福にする義務があるのだ」

と決めたとき、私の人生は大きく変わりはじめたのだ。この後はそこからの再起編、いわば私の人生における「奮闘記」とでもいうべきか。これらについてはまた筆を改めたい。

最後に、ライブストーンの真並恭介氏、ねこまたやの野田尚氏、細水令子氏をはじめ、あたたかい励ましとご協力をいただいた皆様、そして愛する家族に心からの感謝を捧げて、この本のしめくくりとさせていただく。

一九九五年八月七日　奈良県広陵町の自宅にて

藤木　美奈子

文庫化にあたって

折りしも、最近十七歳という年齢に多発している少年犯罪に対する論議が活発だ。矯正の現場にいた私としても、思うことはいろいろある。

一度、TBSのTV番組「女神の天秤」のコメンテーターとして出演させていただいた。これは過去、歴代の極悪犯の犯行から生い立ち、家族構成までを振り返る番組なのだが、司会の関口宏氏に、「いかがですか、どうでしょう」と問われるたびに、わずか数分（いや、数十秒か）では語り尽くせぬ思いの大きさに返答のしようがなくて困ったことがある。

犯罪とは何だろう、人生とは、そして人間とは——この問いに対し、訳知り顔でペラペラ答える人がいたとすれば、私はその人物を信用しうる人物とはとうてい思えない。

生い立ちが悲惨だったからといって必ず犯罪に走るとは限らないし、裕福で教育レベルの高い両親を持つ少年が凶悪な犯行に走る例は近年、枚挙に暇がない。

ただひとつ言えることがあるとすれば、私たちはまだ何もわかっていないということだ。それゆえ現在、多くの専門家は前例のない事件の数々を前に立ちすくんでいるではないか。

犯罪の原因を、家族関係の複雑さや知的レベル、貧富をも含めた「環境」との因果関係だけに求めようとすると必ずつまずく。では、人はなぜ罪を犯すのか、そして同時に、人はなにゆえ被害者になるのか――私はサバイバー（暴力からの生還者の意）であるからこそ、一生をかけてこの深遠なる問いに向き合い、これからも日の当たらない、人に忘れられた場所で生きる人々を語りつづけたいと思っている。

この物語の主人公はまぎれもなく「私」である。当時二十歳そこそこだった私も、今すでに四十一歳。ほぼ倍の年齢に達しているのだが、このくらいになると主人公がまるで別人格のように思え、かえって距離をおいて読むことができる。

また、「彼女」のセリフや行動に、現在の自分の萌芽のようなものを随所に感じ、照れくさくもあり、また生き方の本質が未だブレていないことにうれしさも感じた。

さらには「自分を幸せにする」という悲願も一部は達成したかもしれない。

「出所」した私はその後、女性の自立支援のNPO法人「WANA関西」を運営し、モノ書きとして小さな会社を営んでいる。同時に十歳の娘、三歳の息子、そして互いに再婚同士の夫とともにジョークの絶えない家庭を築いている。そういう意味では、「彼女」との約束を果たせたようで、ホッとしている。

筆の未熟さは、まあ、脇に置くとしても、読み進むにつれいつのまにか登場人物がまるでひとつの映画のようにそれぞれイキイキと話し、泣き、笑う。やはり好きな本である。

そういう意味でも、この本に込められた貴重なメッセージに価値を見出し、延命を申し出てくださった講談社ならびにベテラン編集者の守屋龍一氏には、ひたすら感謝の念を禁じえない。次は「よし、これを映画にしてやろう」と言い出す、気骨と勇気ある映画監督にぜひとも出会いたいものだ。

書きたいこと、この社会の轍《わだち》の跡として残しておきたいものはまだまだたくさんある。だが、何を書こうとも、藤木美奈子の底流にあるもの、原点ともいうべきメッセージは、すべて本書にある。それは「どんな人生もいいものだ」という言葉に凝縮されている。

二〇〇一年四月十三日　大阪市阿倍野区の自宅にて

藤木　美奈子

|著者|藤木美奈子　1959年大阪市生まれ。大阪市立大学経済学部中退。2年間のアフリカでの空手指導、女子刑務所看守、人材派遣会社役員など、さまざまな職を経て、1990年より執筆・企画制作業「AMIDA」を営む。1994年より、女性の自立支援NPO法人「WANA関西」(会員180名)代表。雇用を選べない女性たちの、独立開業という形の経済的自立を支援している。また家庭内暴力の体験者でもあり、独自の人生観による講演・講座で、多くの女性を励ましている。著書に『10年後はもっと働ける』(出版文化社)、『2047年の就職・転職情報』(共著　発行・ライブストーン　発売・星雲社) がある。
http://www.wana.gr.jp/

女子刑務所《じょしけいむしょ》 女性看守《じょせいかんしゅ》が見《み》た「泣《な》き笑《わら》い」全生活《ぜんせいかつ》
藤木美奈子《ふじきみなこ》

講談社文庫
定価はカバーに
表示してあります

2001年5月15日第1刷発行

発行者――野間佐和子
発行所――株式会社 講談社
東京都文京区音羽2-12-21　〒112-8001
電話 出版部 (03) 5395-3510
販売部 (03) 5395-3626
製作部 (03) 5395-3615

デザイン―菊地信義
製版――豊国印刷株式会社
印刷――豊国印刷株式会社
製本――加藤製本株式会社

Printed in Japan

落丁本・乱丁本は小社書籍製作部あてにお送りください。送料は小社負担にてお取替えします。なお、この本の内容についてのお問い合わせは文庫出版部あてにお願いいたします。 (庫)

ISBN4-06-273153-3

講談社文庫刊行の辞

二十一世紀の到来を目睫に望みながら、われわれはいま、人類史上かつて例を見ない巨大な転換期をむかえようとしている。

世界も、日本も、激動の予兆に対する期待とおののきを内に蔵して、未知の時代に歩み入ろうとしている。このときにあたり、創業の人野間清治の「ナショナル・エデュケイター」への志を現代に甦らせようと意図して、われわれはここに古今の文芸作品はいうまでもなく、ひろく人文・社会・自然の諸科学から東西の名著を網羅する、新しい綜合文庫の発刊を決意した。

激動の転換期はまた断絶の時代である。われわれは戦後二十五年間の出版文化のありかたへの深い反省をこめて、この断絶の時代にあえて人間的な持続を求めようとする。いたずらに浮薄な商業主義のあだ花を追い求めることなく、長期にわたって良書に生命をあたえようとつとめるところにしか、今後の出版文化の真の繁栄はあり得ないと信じるからである。

同時にわれわれはこの綜合文庫の刊行を通じて、人文・社会・自然の諸科学が、結局人間の学にほかならないことを立証しようと願っている。かつて知識とは、「汝自身を知る」ことにつきていた。現代社会の瑣末な情報の氾濫のなかから、力強い知識の源泉を掘り起し、技術文明のただなかに、生きた人間の姿を復活させること。それこそわれわれの切なる希求である。

われわれは権威に盲従せず、俗流に媚びることなく、渾然一体となって日本の「草の根」をかたちづくる若く新しい世代の人々に、心をこめてこの新しい綜合文庫をおくり届けたい。それは知識の泉であるとともに感受性のふるさとであり、もっとも有機的に組織され、社会に開かれた万人のための大学をめざしている。大方の支援と協力を衷心より切望してやまない。

一九七一年七月

野間省一

阿川弘之　雪の進軍
阿刀田　高　好奇心紀行
相沢忠洋　「岩宿」の発見〈幻の旧石器を求めて〉
朝日新聞経済部　銀行〈その実像と虚像〉
浅野健一　犯罪報道の犯罪
浅野健一　新・犯罪報道の犯罪
浅野健一　マスコミ報道の犯罪
浅野健一　日本大使館の犯罪
嵐山光三郎　素人庖丁記
嵐山光三郎　素人庖丁記 カツ丼の道篇
嵐山光三郎　素人庖丁記・海賊の宴会
嵐山光三郎　素人庖丁記・ごはんの力
嵐山光三郎　自宅の妾宅
嵐山光三郎　「不良中年」は楽しい
相部和男　こんな親が問題児をつくる〈二万人の非行相談から〉
赤瀬川原平　少年とグルメ

明石散人　龍安寺石庭の謎〈スペース・ガーデン〉
明石散人　ジェームス・ディーンの向こうに日本が視える
明石散人　謎ジパング〈誰も知らない日本史〉
明石散人　アカシックファイル〈日本の「謎」を解く!〉
明石散人　真説 謎解き日本史
W・アービング　江間章子訳　アルハンブラ物語
アベグレン&ストーク　植山周一郎訳　カイシャ
安野光雅　黄金街道
安野光雅　読書画録
新井素子　近頃、気になりません?
安土　敏　小説スーパーマーケット(上)(下)
安土　敏　ビジネス人生・幸福への処方箋
足立邦夫　ドイツ傷ついた風景
足立倫行　アダルトな人びと
麻生圭子　恋愛パラドックス
秋元　康　好きになるにもほどがある

秋元　康　明日は明日の君がいる
荒川じんぺい　週末は森に棲んで
荒川じんぺい　週末は山歩き〈「初めて」からのお役立ちガイド・エッセイ〉
安西篤子　「今昔物語」を旅しよう〈古典を歩く6〉
青木　玉　小石川の家
青木　玉　帰りたかった家
青木　玉　なんでもない話
アメリカ探偵作家クラブ　L・トリート編　大出　健訳　ミステリーの書き方
阿木燿子　ちょっとだけ堕天使
浅田秀子　知らないと恥をかく「敬語」
綾辻行人　アヤツジ・ユキト1987―1995
浅田次郎　勇気凜凜ルリの色
浅田次郎　勇気凜凜ルリの色 福音について
荒　和雄　銀行マンの掟
荒　和雄　ペイオフ〈あなたの預金が危ない!〉
荒　和雄　勝ち残った中小企業伸びてる女社長

講談社文庫　エッセイ&ノンフィクション作品

安藤和津　愛すること 愛されること
浅川博忠　電力会社を九つに割った男〈民営化の鬼、松永安左ェ門〉
阿川佐和子　あんな作家こんな作家どんな作家
五木寛之他　力
石牟礼道子　苦海浄土〈わが水俣病〉
入江泰吉　大和路のこころ
李《イー》御《オ》寧《リョン》　「縮み」志向の日本人
石森章太郎　トキワ荘の青春〈ぼくの漫画修行時代〉
石川英輔　大江戸えねるぎー事情
石川英輔　大江戸テクノロジー事情
石川英輔　大江戸生活事情
石川英輔　大江戸泉光院旅日記
石川英輔　大江戸リサイクル事情
石川英輔　雑学「大江戸庶民事情」
一ノ瀬泰造　地雷を踏んだらサヨウナラ
伊藤雅俊　商いの心くばり

泉麻人　丸の内アフター5
泉麻人　オフィス街の達人
泉麻人　東京23区動物探検
泉麻人　地下鉄の友
泉麻人　地下鉄の素
泉麻人　地下鉄の穴
泉麻人 オカシ屋ケン太　おやつストーリー
泉麻人　東京タワーの見える島
泉麻人　大東京バス案内《ガイド》
今井博　モスクワの市民生活
岩川隆　どうしようもない私〈わが山頭火伝〉
一志治夫　たった一度のポールポジション
稲垣美晴　サンタクロースの秘密
池波正太郎　池波正太郎の映画日記〈1978・2〜1984・12〉
池波正太郎　きままな絵筆
石村博子　新・東京物語

井上夢人　おかしな二人〈岡嶋二人盛衰記〉
井上ひさし 樋口陽一　「日本国憲法」を読み直す
家田荘子　バブルと寝た女たち
家田荘子　愛人〈ピュアで危険な愛を選んだ女たち〉
家田荘子　恋愛白書〈モテる男のコたちの性〉
家田荘子　イエローキャブ
家田荘子　リスキー ラブ
池部良　風、凪《や》んでまた吹いて
岩橋邦枝　「好色五人女」「堀川波鼓」を旅しよう〈古典を歩く10〉
伊藤結花理　ダンシング ダイエット
岩上安身　あらかじめ裏切られた革命
石坂晴海　やっぱり別れられない〈離婚を選ばなかった夫婦たち〉
飯島勲　代議士秘書〈永田町、笑っちゃうけどホントの話〉
内橋克人　ガンを告げる瞬間
生方幸夫　日本企業転落の日
with編集部編　男子禁制OL物語〈丸ごと本音激白集〉

講談社文庫　エッセイ&ノンフィクション作品

with編集部編　男子禁制OL物語2〈もう許さないの巻〉
with編集部編　男子禁制OL物語3〈赤面しちゃうの巻〉
with編集部編　男子禁制OL物語4〈人の噂も七十五日の巻〉
with編集部編　男子禁制OL物語5〈超ムカつくぜの巻〉
with編集部編　男子禁制OL物語6〈私も苦労してますの巻〉
with編集部編　闘うオンナたち〈新・男子禁制OL物語〉
梅棹忠夫　夜はまだあけぬか
宇都宮直子　神様がくれた赤ん坊
宇都宮直子　人間らしい死を迎えるために
宇都宮直子　神様がくれた赤ん坊 茉莉子の赤いランドセル
内館牧子　切ないOLに捧ぐ
内館牧子　あなたが好きだった
内館牧子　ハートが砕けた!
内館牧子　B・U・S・U〈すべてのプリティ・ウーマンへ〉
内館牧子　別れてよかった
内館牧子　小粋な失恋

海原純子　エイジング・コンプレックス〈「もう年だから」はいわないで〉
宇野千代　幸福に生きる知恵
内田康夫　全面自供〈浅見光彦と内田康夫 いいたい放題〉
内田洋子 シルヴェリオ・ピズ　ウーナ・ミラノ〈Una Milano〉
内田洋子 シルヴェリオ・ピズ　食べてこそわかるイタリア
遠藤周作　周作塾〈読んでもタメにならないエッセイ〉
遠藤周作　『深い河』創作日記
永六輔　無名人名語録
永六輔　普通人名語録
永六輔　一般人名語録
永六輔 下保進　第一生命広報部長からの手紙
永六輔 下保進　第一生命教育部長からの手紙
永六輔　わが師の恩
永六輔 ピーコ　I 愛 Eye〈よってたかって目の勉強・7年後〉
永六輔　どこかで誰かと
永六輔　壁に耳あり

江波戸哲夫　左遷〈商社マンの決断〉!
江波戸哲夫　小説 都市銀行
江波戸哲夫　銀行支店長
江波戸哲夫　高卒副頭取
江波戸哲夫　企業の闇に棲む男
枝川公一　今日も銀座へ行かなくちゃ
NHK「なぞ解き歳時記」制作グループ編　なぞ解き歳時記
大江健三郎・文 大江ゆかり・画　恢復する家族
大江健三郎・文 大江ゆかり・画　ゆるやかな絆
大森実　ヒトラー〈人物現代史1〉
大森実　ムッソリーニ〈人物現代史2〉
大森実　スターリン〈人物現代史3〉
沖守弘　マザー・テレサ〈あふれる愛〉
大前研一　企業参謀 正続
大前研一　平成維新
大前研一　世界の見方・考え方

講談社文庫 エッセイ&ノンフィクション作品

大前研一 平成維新PARTⅡ〈国家主権から生活者主権へ〉
逢坂 剛 さまざまな旅〈わたしの好きな本・スペイン・西部劇〉
逢坂 剛 書物の旅
オノ・ヨーコ 飯村隆彦編 ただの私《あたし》
オノ・ヨーコ 南風 椎訳 グレープフルーツ・ジュース
小野卓司 廃校の夏〈難聴児たちの甲子園〉
小野寺誠 白夜の国のヴァイオリン弾き
大泉実成 東京サイテー生活〈家賃月2万円以下の人々〉
大泉実成 夢を操る〈マレー・セノイ族に会いに行く〉
尾上松緑 松緑芸話
大下英治 小説東急王国
大下英治 梟《きょう》商《しょう》〈小佐野賢治の昭和戦国史〉
大下英治 知られざる王国NHK
大下英治 一を以って貫く〈人間 小沢一郎〉
大下英治 激録！ 総理への道〈戦後宰相列伝 田中角栄から森喜朗まで〉
大橋巨泉 巨泉の使える英語

大笹吉雄 花《か》顔《がん》の人〈花柳章太郎伝〉
大橋 歩 くらしは楽しみ
大橋 歩 心のささえに
大橋 歩 わたしの家
大橋 歩 はるかに海の見える家でくらす
大橋 歩 生きかた上手はおしゃれ上手
大橋 歩 着ごこち気ごこち
岡本嗣郎 男前 山本集の激闘流儀
岡部まり 片想いにさようなら
おおつきちひろ スペインの食卓から
大庭みな子 「万葉集」を旅しよう〈古典を歩く1〉
大竹昭子 バリの魂、バリの夢
大野 芳 がん生還者の記録
沖藤典子 女が職場で悩むとき
尾崎秀樹編 徹底検証〈忠臣蔵〉の謎
開高 健 それでも飲まずにいられない

加藤周一 雑種文化〈日本の小さな希望〉
鎌田 慧 自動車絶望工場〈ある季節工の日記〉
鎌田 慧 日本の兵器工場
鎌田 慧 教育工場の子どもたち
鎌田 慧 アジア絶望工場
鎌田 慧 ロボット絶望工場
鎌田 慧 「東大経済卒」の十八年
鎌田 慧 トヨタと日産〈自動車王国の暗闇〉
鎌田 慧 反骨〈鈴木東民の生涯〉
鎌田 慧 ルポ 権力者その素顔
鎌田 慧 ルポ 大事故！ その傷痕
鎌田 慧 ルポ 戦後日本〈50年の現場〉
鎌田 慧 六ヶ所村の記録〈核燃料サイクル基地の素顔〉
鎌田 慧 いじめ社会の子どもたち
鎌田 慧 壊滅日本〈17の致命傷〉
加茂 周 モダンサッカーへの挑戦

2001年3月15日現在